U0638496

麦读
MyRead

走向上的路　追求正义与智慧

法律应当
把某种思想
表达出来，
使其走向客观化
并且得以保存。
我们必须洞悉
法律所蕴含的思想，
揭示其内容。

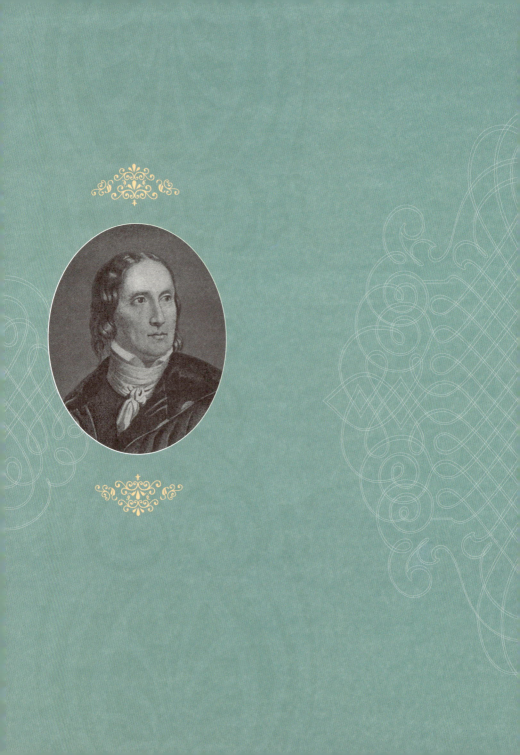

[德]
弗里德里希·卡尔·冯·萨维尼
FRIEDRICH CARL VON SAVIGNY
著

VORLESUNGEN ÜBER JURISTISCHE METHODOLOGIE

法学方法论

萨维尼讲义与格林笔记

杨代雄 译　　胡晓静 校

中国民主法制出版社
全国百佳图书出版单位

讲义原文收录于德国 Vittorio Klostermann 出版社 2004 年出版的

Friedrich Carl von Savigny, Vorlesungen über juristische Methodologie(1802—1842)，

该书由 Aldo Mazzacane（阿尔多·马扎卡内）

依据原始资料整理、汇编并附加注释

译者序言

与法学理论的其他部分相比，法学方法论的历史不算久远。因为，只有在法学具备反思意识与反思能力之后，才会产生法学方法论，而早期法学不具备这样的意识与能力。大哲学家莱布尼茨曾于1667年撰写《法学研究和讲授的新方法》，但将近一个世纪之后才得以出版。这部著作可以算是法学方法论的先驱，受其影响，18世纪后期，德国有一些法学家开始探索法学方法，但真正对此予以系统化研究的首推弗里德里希·卡尔·冯·萨维尼。从1802年到1842年，萨维尼先后在马堡大学、兰茨胡特大学、柏林大学开设三十多次法学方法论课程，以其清晰、流畅、优雅并且富有洞察力的讲授吸引了大批学子，听课者有不少后来成为著名法学家的，如温德夏、霍默耶、布卢默、布尔沙迪等。可以说，萨维尼的法学方法论直接影响了不止一代法学家。卡尔·拉伦茨的《法学方法论》始于对萨维尼法学方法论的评介，[1]充分昭显了萨维尼在法学方法论史上的重要地位。

〔1〕Karl Larenz, Methodenlehre der Rechtswissenschaft, Springer Verlag, Berlin, 1991, S. 11-18.

在萨维尼法学方法论课程资料中，最系统、最完整的是雅各布·格林所作的《1802/1803 年法学方法论听课笔记》——这也是本书的主要内容。雅各布·格林生于 1785 年，卒于 1863 年，与其弟威廉·格林被后人合称为“格林兄弟”。人们对格林兄弟的了解通常仅限于其在文学和语言学领域的成就，尤其是家喻户晓的《格林童话》(出版于 1812—1815 年)。一百多年来，这部童话集一直都是每一代儿童的经典读物。除此之外，格林兄弟合编的《德语大辞典》以及雅各布·格林撰写的《德语语法》，在德国语言学史上也具有举足轻重的地位。

事实上，格林兄弟也是法学家，尤其是雅各布·格林，著有《论法中的诗意》(1816 年)、《德意志法律遗产》(1828 年)、《判例汇编》(4 卷本，1840—1863 年)、《德意志法律遗产讲稿》，在那个时代产生了重大影响。凭借其在日耳曼法律史方面的出色研究，雅各布·格林成为历史法学派日耳曼法分支的代表之一，1840 年被柏林科学院聘为法学教授，并于 1846—1847 年任法兰克福、吕贝克日耳曼法学家大会主席。[2]

雅各布·格林 1802 年进入马堡大学学习法律，比他小一岁的威廉·格林第二年也就读于此，二者皆师从萨维尼，雅各布还曾受萨维尼的资助到巴黎研究罗马法源。在萨维

〔2〕[德]格尔德·克莱因海尔、扬·施罗德主编:《九百年来德意志及欧洲法学家》，许兰译，法律出版社 2005 年版，第 172—175 页。

尼 1802/1803 年法学方法论课堂上，雅各布·格林是受教者之一，他对萨维尼的讲课内容作了完整的记录，该课程的授课时间从 1802 年 11 月至 1803 年 3 月，每周 2 课时。

作为重要的史料，格林笔记在相当长的一段时间里并未引起学界的关注。一直到 20 世纪 20 年代，才开始有人注意到它。1926 年，康特洛维奇从普鲁士国家图书馆获得消息，得知该馆收藏有雅各布·格林的笔记以及威廉·格林的副本。第二年，费尔根特雷格引用了一些关于萨维尼课程的未公开的笔记，其中包括格林笔记，以支持他的论断："萨维尼的法学方法论对法学界的影响比后来的《当代罗马法体系》更为重大而深远。"此后，康特洛维奇于 1932 年在基尔召开一个研讨会，并宣布其学生很快将出版萨维尼的法学方法论讲义，但最终并未出版。一直到二战结束之后，韦森伯格才于 1951 年将格林笔记付诸出版。[3] 后来，其余资料陆续被发现，由阿尔多·马扎卡内 (Aldo Mazzacane) 于 1993 年依据原始手稿整理、汇编出版，并于 2004 年修订再版。本书就是根据马扎卡内的汇编本译出，翻译的内容包括格林笔记、萨维尼的亲笔讲稿以及马扎卡内附加的注释 (关于讲义所提到的文献的信息)。

由于未公开出版并且长期被埋没于浩瀚的馆藏文献之

〔3〕Friedrich Carl von Savigny, Vorlesungen ü ber juristische Methodologie, hrsg. von Aldo Mazzacane, Vittorio Klostermann, Frankfurt am Main, 2004, S. 2–3.

中，所以，与《当代罗马法体系》《论立法与法学的当代使命》《论占有》等名著相比，萨维尼的法学方法论讲义尚未得到足够的研究，中国学者更是对其一无所知。实际上，萨维尼法学方法论讲义的学术价值丝毫不比其另外几部作品逊色。在该讲义中，最引人注目的是关于法学方法论的三条基本原则：其一，法学是一门历史性的科学；其二，法学也是一门哲学性的科学；其三，法学是历史性科学与哲学性科学的统一。

第一条原则体现了萨维尼的历史主义法律观，其历史主义主要有两层含义：

首先，法是历史地、客观地形成的，而不是由任何个人基于其意志任意创造出来的。“国家存在的必要性在于把某种东西置于个人之间，使得个人意志的支配力能够相互限制……对于某一个人 [的自由意志] 的限制程度并不取决于其他人的意志，而是应该由某个第三人决定这种限制的程度……最好的方案是：存在某种完全客观、完全独立、排除任何个人意见的东西，即法律。按照其原初目的，法律应该是完全客观的，即它应当是如此完备，以至于法律的适用者不需要额外再做什么。所有关于那些客观存在的事物的知识被人们统称为历史知识，因此，立法科学 (法学) 的全部特征在于历史性。”萨维尼这个观点是有针对性的。在整个 18 世纪，德国法学界一直处于理性 (自然) 法学的统治之下，1756 年的《巴伐利亚民法典》与 1794 年的《普鲁士普通邦法》(ALR) 就是理性 (自然) 法学的产物。直至萨维尼的青年时代，理性 (自然) 法学依然阴云未散，德国民法学界仍有不少学者受其影响，萨维尼的论敌蒂堡就是其中之一。[4]理性 (自然) 法学的主要进路是从少数几条伦理学—哲学基本原则推导出整个法律规则体系，由此产生的很多规则背离了罗马法传统规则。萨维尼对此极为反感，认为这种方法是完全任意、专断的，必将导致种种谬误，他试图以追求客观性、绝对性、科学性的历史主义方法取代理性 (自然) 法学的方法。

其次，法具有历史发展性，应该将其置于时间序列之中进行考察。“我们的科学与国家史以及民族史密切关联。必须把 [法] 体系本身看作处于发展进程中的东西。”“每一个立法都或多或少地是以往立法史的结晶。优士丁尼并无独创一部法典的意图，他只想对既存的丰富的法律素材进行单纯的汇编，历史的整体由此转变为 [新的] 法律。”显然，在萨维尼眼中，法本身就是一种历史现象，属于时间范畴。

第二条原则体现了萨维尼的体系化的方法论取向。在其早期法学方法论中，“哲学性”与“体系性”的含义是相同的。“所有的体系都通达于哲学。对纯历史性体系的阐述

〔4〕参见许章润:《民族的自然言说——萨维尼与蒂博的论战、法典化及其他》，载《读书》，2001 年第 12 期。“蒂博”本书作“蒂堡”。

将会通达于某种统一性、某种理念，这种统一性与理念构成体系化阐述的基础，这就是哲学。”

第三条原则描述了法学的至高境界。萨维尼认为，应当将历史性研究与体系性研究结合起来，“法学完整的品性就建立在这个结合的基础之上”。

以上三条原则是萨维尼法学方法论的灵魂，贯穿于其方法论的各个部分。据此，他把第一部分“法学的绝对研究法则”分成三章：法学的语文性研究（解释）、法学的历史性研究、法学的体系性研究。并且强调，这三种研究方式不能完全独立地存在，每种方式都只是完备的法律科学整体的一个要素。同时，在第二部分“法学的文献性研究”与第三部分“法学的学院性研究方法”中，萨维尼也经常强调历史与体系的结合。

不仅如此，上述三条原则也成为萨维尼毕生学术事业的基本指针，预设了其学术发展的基本路向。1803 年出版的成名作《论占有》是历史方法、语文学方法与体系化方法完美结合的经典；《中世纪罗马法史》以历史性研究为主；而其晚期巨著《当代罗马法体系》则以体系方法为主，兼用历史方法与语文学方法。

作为萨维尼的早期作品，1802/1803 年法学方法论讲义的一个独特学术价值在于，将其与萨维尼的中期作品（如《论立法与法学的当代使命》）以及晚期作品（如《当代罗马法体系》)相比较，可以揭示这位“欧洲所养育的最伟大的法学家”(麦克唐奈尔语)的法学思维是如何演进的，对其进行“基因解码”。

作为法学方法论的早期成果，萨维尼的法学方法论有助于我们洞察德国乃至整个欧陆法学方法论的历史根基，把握其发展演变的基本脉络。事实上，在当代法学方法论中，仍然可以依稀地看到萨维尼法学方法论的一些碎片，比如，他关于法律的有机整体性的强调与当代法学方法论中的动态体系、内部体系理论也一定的共通之处。

对于我们中国的法律学者而言，萨维尼法学方法论的主要意义并不在于我们能够从中学到一些实用的具体方法，而是在于，从中可以洞悉一个国族的法学“大脑”是如何发育起来的，学会如何处理变革与传统、理性与历史、本土与外来、政治与科学之间的关系，领悟在一个国族法学的成长期，学者应当做些什么，如何“生产出”法的生产方法，如何使法学走上“科学”之路。

杨代雄

2023 年仲夏

于苏州河畔格致楼

编辑说明

本书主体内容为萨维尼法学方法论课程的讲义和雅各布·格林的笔记，为再现教学情境，具化学术传承，方便读者览阅，我们将两部分的目录和正文对照排版，并尽量对照到节以下，其中双页为讲义，单页为笔记，双页起读；同时因讲义内容简要，笔记内容详尽，讲义选用较大字号，笔记选用较小字号，保持版面均衡。

另外，因萨维尼讲义、格林笔记和马扎卡内注释文体不同，同一文献在书中的表述详略不一（一般而言萨维尼简略，格林较为完整，马扎卡内最为完整），有时略有差异，本书遵从原文，不作统一。

特此说明。

目　录

萨维尼讲义

目　录

雅各布·格林笔记

萨维尼讲义

授课时间： 1802 年 11 月 —1803 年 3 月，每周 2 课时。

授课地点： 马堡大学。

说明： 1. 讲稿的内容是纲要性的，为了区分各要点，萨维尼使用了很多破折号，在翻译的过程中，考虑到译文的连贯性，译者删去了一些破折号，改为其他标点符号，并且在个别地方添加了连接词。

2. 附马扎卡内的脚注，按照其在原文中的顺序用“〔1〕……”“〔2〕……”在页下标出。译者注用 * 标出。

3. 有些章节的划分以及章节的标题出于马扎卡内之手，为便于阅读，亦将其译出。

4. 边码即译文在马扎卡内汇编本中的页码。

5. [ ] 内的词语是译者为确保表述的完整而添加上去的。

雅各布·格林笔记

授课时间：1802 年 11 月—1803 年 3 月，每周 2 课时。

授课地点：马堡大学。

序　言

91

方法——即智力的运用方向——对学术研究成就的重要意义。

理念的概念。

发现方法的途径：文献史，对某个学者或某个学派的方法进行研究，将其方法与其研究成果对照以观。完备的文献史与方法是互为条件的。

为此，需要对一些文献的特征进行描述。其中大多数是晚近的文献，尤其是这方面的文献：导致其存在缺陷的

序　言

137

学术研究的成就不仅仅取决于天赋（个人智力的程度）与勤奋（对智力的一定运用），它还更多地取决于第三种因素，那就是方法，即智力的运用方向。每个人都有其方法，但很少有人在这方面能够达到自觉与体系化的程度。如果我们对一门科学（Wissenschaft）或其理念按照合乎这门科学之本性的法则（Gesetze）进行深入彻底的思考，那么我们的方法将会走向体系化。对科学理念的观察能够把我们引向正确的方法。

那么，我们如何才能获得一门科学的理念呢?

文献史是获得一门科学之理念的一般性辅助手段，以此为基础，可以对某个学者进行文献性的研究（litterarische Studium），获知某种一般方法并对此种方法进行评价。例如，通过考察某个法学家的学术生涯，我们能够了解他的方法并且借此了解到某种可能的一般方法。将其学术生涯与整个法学对照以观，也可以对其方法予以评价。由此可见，文献史总是能让我们发现某种方法并对其进行评判。

我们能够而且必须对每门科学的各个流派与各个历史时期进行考察，由此可以发现特定时代所有学者普遍运用的方法。对于各个历史时期，我们也应当进行文献史的研究。通过广泛的比较可以确定那个时期的方法的特征。从这个意义上说，所有的文献史都属于方法论史，二者是互为条件的，必须交互澄清。

本课程的目的在于对法学研究提出自己的见解，为此，需要经常提及某 138
些学者的学术特点。

那么，究竟应该考察离我们更为久远的法学家还是更为晚近的法学家?

那些原因在我们自己身上也能找到。

课程计划：

1. 法学的绝对方法。
2. 文献性研究。
3. 学院性研究。

哪一种选择更好?

二者皆有其有利的一面。人们在当前固然不再能从以往的法学研究中获得一般性的根本原理，然而，在所有的方法中，很多都不是个人的创造，而是时代的产物，法学领域也是如此，很多方法都属于时代，并且在时代中重现。因此，如果考察晚近的学者，就可以对我们学术研究中的一些东西更好地予以改进，并且直接进行讲授。据此，在本课程中，应当更多地考察晚近的法学家，当然，不能完全排除那些与我们相距比较久远的法学家。

那么，究竟应该如何研究法学?

对此，应当区分两种研究:（1）绝对的研究，仅以纯粹的［法］体系为基础，完全不考虑偶然的文献性辅助手段;（2）利用此种辅助手段的研究。

绝对科学研究的法则应当立足于所有的方法。因此，我们将从此种绝对方法开始讲述。在此过程中，应当确立一定的法则用于把纯属偶然的辅助手段与绝对性的研究联系起来。然后应当解决如下问题：如何将迄今为止已经问世的法学论著运用于绝对法则。最后应当确定，如何将另一种新的辅助手段——学院性的研究——运用于法学的绝对研究。[1]据此，可以把法学方法论划分为三大部分:（1）绝对的方法;（2）法学的文献性研究方法;（3）法学的学院性研究方法。

在第一部分中，需要提及文献的特征。这些文献特征或积极或消极地向我们展示法学研究的法则。所谓积极，指的是某人对法学进行好的研究，而如果他采取不正确的、相反的方法研究法学，则是消极的。

〔1〕萨维尼尽管将法学研究区分为两种类型，但他依然认为这样的区分只是相对的，在实际研究过程中，各种研究方式不可避免地具有内在的关联性，这与他一贯主张的法学体系的有机性是一致的。

第一部分 法学的绝对研究方法

绪 论

一、法学的概念

法学或立法科学的概念：从历史的视角对特定时代某个国家的立法职能进行阐述。不涉及国家法。[只包括]私法与刑法。

第一部分　法学的绝对研究法则

139

绪　　论

如果我们用历史的眼光观察国家，将其视为一个行动着的存在体（Wesen），那么就可以专门探讨其中的某种行为，即立法行为，易言之，我们可以把国家视为立法行为之主体。据此，法学的目的在于：从历史的视角对国家的立法职能进行阐述。我们发现真正的立法有两种类型：（1）它要么规定国家意图进行保护的市民权利，这种法律是私法或民法；（2）要么涉及国家为了维护法律而采取的预防措施，即刑法。

因此，法学只有两个主要部分：私法学与刑法学。国家法是对国家宪制进行的体系化阐述，无论如何也不能被纳入法学范畴，因为它只是以现实存在的国家为基础，而法学则是把国家看作一个行动者。二者相辅相成，但不属于同一个概念。然而，绝不能据此否定国家法研究的重大意义。国家法中的相当多内容应当以与私法学类似的方式进行研究，譬如，庄园主（领主）拥有裁判权，如同其他私法一样——因为在所有的新兴国家都存在一种比我们的国家法更为古老的关系，即采邑制。越古老的国家法越纯正。

国家的立法职能包括两个方面：私法的立法与刑法的立法。这两种法律的研究法则应当从相同的基本原则推导出来。这些基本原则包括：（1）法学是一门历史性的科学（historische Wissenschaft）；（2）法学也是一门哲学性的

第一条基本原则：法学是一门历史性的科学

（1）本来意义上的历史性；

（2）语文性——下文对此予以探讨。

国家的概念——需要一种外在的东西对市民的权利进行界定——法律（民法、刑法）。如何处理法律？纯逻辑性的处理，纯粹的解释，以这样的方式探究各个规则。

92 法学家与法官（在这个问题上二者是一样的）对法律作这样的处理是极其必要的，就像国家与法律的存在是非常必要的那样。对此进行历史评论。

科学（philosophische Wissenschaft）；（3）上述两条原则应当结合起来，即法学是历史性与哲学性科学的统一。

一、法学是一门历史性的科学

国家存在的必要性在于把某种东西置于个人之间，使得个人意志的支配
力能够相互限制。国家能够履行这样的职能，它本身就处于中间地位——与 140
此直接相关的是立法权。对于某一个人［的自由意志］的限制程度并不取决于其他人的意志，而是应该由某个第三人决定这种限制的程度。然而，这种第三人意志仍具有多样性，因此，最好的方案是：存在某种完全客观、完全独立、排除任何个人意见的东西，即法律（Gesetz）。按照其原初目的，法律应该是完全客观的，即它应当是如此完备，以至于法律的适用者不需要额外再做什么。所有关于那些客观存在的事物的知识被人们统称为历史知识，因此，立法科学（法学）[*]的全部特征在于历史性。

所谓历史性具体包括两个方面（两层内涵）：

（1）本来意义上的历史性；

（2）语文性。

对于第一层内涵，在此暂不讨论。对于第二层内涵，主要应当从“事物的性质”中推导出来。个人的自由存在及其不依赖于他人意志的独立性在任何一个国家都应当得到维护。为此，可以任命一个法官解决个人之间可能发生的纠纷，而更好的方式是依靠纯粹外在的不受制于任何人主观意志的法律，包括规定个人行为的民法以及关于这些行为之保障的刑法。［纠纷］不再由法官任意裁决，而是法律本身予以决定，法官只不过是掌握规则并将其适用于个案而已。这些规则由法学予以阐述。从这个角度看，法官与法学家有一个共同的职能，当然还有另外一个共同的职能。由于法律是为了排除所有的任

* 在萨维尼的早期法学方法论讲义中，立法科学（Gesezgebungswissenschaft）、法律科学（Rechtswissenschaft）与法学（Jurisprudenz）这三个概念经常交替使用。

晚近的实践，联系理论，与理论相对立。挑战立法，原因是立法者对立法漠不关心的态度，尤其在德国。主流观点：在实践中严格遵循法律是不可能的。

蒂堡：《对费尔巴哈关于刑法基本概念的理论的批判》，第 98 页。

在英格兰，情况完全不同——陪审法院——案件事实查明与法律适用的区分。法国也是如此。对其可能性予以历史论证是十分必要的。

第二条基本原则：法学也是一门哲学性的科学

法学的体系由来已久。体系的概念——关于所有立法的一般内容与一般任务，立法的概念已经体现了此种一般任务。法学与哲学的关联。

意性而产生的，所以，法官唯一的工作就剩下对法律进行纯逻辑的解释。对此可以这么表述：法学是一门语文性的科学。

人们是否自古以来都认为这个命题是正确的？

在晚近的法学中，我们发现在法律理论之外存在一个经常与其相对立的实践法体系。易言之，有两种类型的法学家：理论法学家与实践法学家。造成这种分裂的原因是大多数新兴国家的立法者对立法漠不关心的态度。很多新的［生活］关系与原有的立法不相契合，而立法者又不行使其权利，因此，法官当然就自以为有权修改原有的立法。在德国，这种现象特别引人注目，
尤其在刑法领域，人们以往都把实践与理论紧密相联，然而最近却猛烈地抨 141
击理论。[2]

在其他国家，人们对这样的争论一无所知，尤其在英格兰。但在那里也是逐字逐句地适用法律，特别是在刑法领域，人们从未进行逻辑性的正确解释。

长久以来，那里的人们一直实行陪审制，陪审员负责查明案件事实。

借助于这些事例，以及法国新近的建制，可以证明我们前面提出的命题的可能性。

二、法学也是一门哲学性的科学

法学中的体系化研究由来已久。在晚近，此种研究极为普遍。但如果此种研究只是提供一个“桁架建筑”或便利的素材组合，那么它就没有什么价值，充其量只是有助于记忆而已。如果此种研究想真正发挥作用，其内在关联（innerer Zusammenhang）就必须成为一个统一体。为此，它必须为法学、

〔2〕参见安东·弗里德里希·尤斯图斯·蒂堡：《对费尔巴哈关于刑法基本概念的理论的批判》，由 Fr. 佩特赫斯 1802 年出版于汉堡，第 98 页：“制定严厉的法律是一件很容易的事，因为我们不认识将要遭受刑罚的人。然而，按照其良心与理智并不赞同的法律原则对某个当事人进行裁判是极其困难的，对于一个富有同情心的人来说，必定要经历最激烈的心理斗争。在解释法律的时候，与任何人一样，我也是严格地遵循法律的意思。然而，一旦把法律适用于具体案件，我几乎每一次都面临否定自己的理论的危险。”

第三条基本原则：法学是历史性科学与哲学性科学的统一

注释性因素与体系性因素的结合。这种结合使法学方法走向完美。

肤浅的结合——即过早的结合——是毫无意义的。只有从不同的视角对二者进行透彻地研究之后，才能对二者进行深刻的结合。

在戈梅林（Gmelin）1801 年发表于《德意志最新法学文献与司法批判档案》第 1 卷第 4 期的论文《基于罗马法原理的期间及其计算》中，注释性因素与体系性因素的结合就极其粗糙。

首先必须对这两种因素进行区分，分别对其予以充分研究。举例对此予以说明，以法国法学家为例（参见边码
93 97）。然而，每一种因素必须被视为整体的一部分。如果对其中的一种因素——它涉及完美方法的一部分——进行充分研究，那么就很可能掌握整个方法（参见边码 95）。什么是精致典雅的著作？它与实用著作的区别。以下将要阐明

为整个立法提供一般内容与一般任务，这些一般内容与任务并非偶然获得的。民法与刑法的概念就曾经是这样的一般任务，由此可见，这样一种体系化的法学研究是可能的，而如果存在这样的体系化研究，则法学直接与哲学——它必须通过完备的演绎（Dedukzion）确定一般任务的整个范围——紧密相连，从这个意义上说，法学是一门哲学性的科学。

三、法学是历史性科学与哲学性科学的统一

上述第一条原则与第二条原则固然存在差异，但二者都是真实的，因此，应当将其结合起来，法学完整的品性就建立在这个结合的基础之上。在语文性解释的过程中被视为单个规则的东西，在体系性研究中必须被作为一个整体加以思考，反过来，法学的体系化观察也应该能够被分解为若干要素。142
法学研究自身必须包含注释性研究与哲学性研究的条件。注释与体系性研究首先应该单独地进行，不应该过早地结合起来，否则就是不成功的结合。戈梅林（Gmelin）1801 年发表于《德意志最新法学文献与司法批判档案》(由戈梅林、塔芬格与丹茨主编）第 1 卷的论文《基于罗马法原理的期间及其计算》就是一个反面例子，在该论文中，各个要素被极为粗糙地罗列出来。[3]

以下的论述将要阐明：

（1）如何进行法学的纯注释性研究?

（2）如何进行法学的体系性研究?

（3）注释性研究与体系性研究的结合是自然而然的。

〔3〕克里斯蒂安·哥特里伯·戈梅林:《基于罗马法原理的期间及其计算》，载《德意志最新法学文献与司法批判档案》(第 1 卷)，1801 年由科塔出版于蒂宾根，第 577—630 页。

如何合乎规律地进行注释性或体系性研究，在此基础上指出二者结合的可能性。

二、关于法律科学的新视角

关于法律科学的新视角：本来意义上的历史性研究，即把立法视为在给定的时间内自我形构的东西。我们的科学与国家史以及民族史密切关联。必须把［法］体系本身看作处于发展进程中的东西。举例说明。从这个角度看，此种意义上的历史性研究以另外两种研究为前提——与此不同，从心智活动特征的角度观察，此种意义上的历史性研究与语文性研究相配合，只是历史性研究的一个部分——上文与下文都是如此理解历史性研究的。这个部分的实践意义视情况而定，就罗马法而言，其意义至为重大。

以下分别探讨解释、历史与体系。

必须把立法放在时间序列之中进行观察。我们现在暂时回到前面（参见边码 140）提出的那条原则“本来意义上的历史性法学研究”。这将把我们引向法律史的概念，它与国家史以及民族史密切相关，因为立法是一种国家行为。然而，目前流行的法律史概念过于狭隘，在这个概念之下，人们研究国家史的一部分，仅仅描述那些已经发生的变化（外部法律史）。这种研究固然是有益的，但还不够。必须把体系视为一个不断发展的东西，并且将全部内容联系起来（内部法律史），而不应该只研究单个的法律问题。

法学的这种历史性研究以另外两种研究为前提，它应当以注释为出发点，并且与体系相结合。（与此不同，从心智活动的角度观之，历史性研究与语文性研究相似，二者相互配合，人们将其统称为历史性研究，与体系性研究相对应）由此产生了历史性研究。据此，首先应当把立法分解为各个要素，并且依据其精神在真实的脉络关联中对其予以阐述，然后才可以按照历史序列在各个特定时代确立以这种方式发现的法体系。

因此，完整的绝对法学方法论应当包括： 143

（1）法学的解释如何成为可能？（语文性的研究）

（2）历史。（历史性的研究）

（3）体系。（体系性—哲学性的研究）

第一章　解释：语文学视角下的法学

第一节　解释的概念

有两种常见的分类是完全不可取的。第一种分类是：立法解释、普通解释与学理解释。对错误的说明。第二种分类是：阐明性的解释、扩张解释与限缩解释。

解释总是基于某个给定的东西，即文本。这些给定物究竟是什么呢？

古文书考证（diplomatische kritik），它仅仅是解释的准备工作，而不是其组成部分。例如，对多个手抄本进行评价，它们都是给定的文本，只不过在可信度方面有所差别而已。

第一章 法学的语文性研究

第一节 解释如何可能以及解释的要素

解释究竟如何成为可能？它本身必须适合于历史性的研究与体系性的研究。我们在此完全不考虑法律解释的通常分类，即把它划分为立法解释、学理解释与普通解释，第一种解释源于立法权，后两种解释源于学者。事实上，真正意义上的法律解释只包括学理解释，不包括“立法解释”，因为，如果立法者本身对一部法律进行阐明，那么，这一阐明就是通过前一法律而产生的新法律，而不是对前一法律的解释。如果他不是以立法者的身份阐明法律，那就属于学理解释，即便是法官进行解释，也是如此。所谓的普通解释也不存在。除此之外，毫无疑问还存在一种阐明性的解释，然而，有人却错误地认为法律解释还包括扩张解释与限缩解释，我们将在下面对此种错误观念进行探讨，这两种“解释”都与法学的品性完全背离。

解释总是基于某个直接给定的东西，即文本。发掘这些给定物的工作被称为“古文书考证”(diplomatische kritik)，任何解释都必须以之为前提，如果需要从多个版本——比如手抄本（Handschriften）——中挑选出给定物，此种考证尤为必要。因为我们必须把所有的版本都视为直接给定的东西。古文书考证可以向我们表明它们的可信度，唯有如此，解释才是可能的。那么，法律解释又是如何成为可能的呢？

每部法律都应当把某种思想作为能够发生约束力的规则表达出来。解释法律应当把某种思想表达出来，使其走向客观化并且得以保存。我们必须洞悉法律所蕴含的思想，揭示其内容。

法律解释＝法律的重建（Rekonstrukzion）。解释者应当站在立法者的立场上，模拟后者再次形成法律思想。

第二节　解释的三个要素

法律解释具有三个要素：逻辑、语法、历史。不存在单纯的“逻辑解释”，因为每一个解释都必须同时具备这三个要素。

94 逻辑要素＝对法律表达出来的思想予以发生学阐述。但此种思想必须被表达出来，为此，语言规范是必需的，由此引出第二个要素。

语法要素＝对法律表达思想所使用的媒介进行阐明。

历史要素＝对法律所规定的历史对象予以阐述，通常需要对该法律得以诞生的那个时代进行考察。

第二、三种要素仅仅是第一种要素的条件，后者直接包含了真正意义上的解释。

此外，法律本身必须是客观的，也就是说，它必须自我展现，因此，解释的全部前提条件都必须存在于法律自身之中，或者存在于一般知识之中，唯其如此，解释本身才能具备一般性与必然性。借此可以更准确地界定这条规法律的时候必须洞悉其所蕴含的思想，揭示其内容。从这个意义上说，法律解释首先就是对法律内容的重建（Rekonstrukzion）。解释者应当站在立法者的立场上，模拟他形成法律思想。

法律解释只有通过三种研究的配合才是可能的。因此，法律解释必须具备三个要素：逻辑、语法、历史。人们通常［只］把前两个要素视为解释的 144
方法，但这是不确切的，因为每一个要素都应当属于解释的方法。据此，每一个解释都必须包含：

（1）逻辑要素，它存在于从法律形成的视角对其内容进行阐述的过程中，并且表明［法律］各部分之间的关系。因此，它是对包含于法律之中的思想的发生学阐述。但此种思想必须被表达出来，为此，语言规范是必需的，由此引出第二个要素。

（2）语法要素，它是逻辑的必要条件。

（3）同样，历史要素也是逻辑要素的必要条件。法律是在特定时代赋予特定民族的，为了揭示法律所蕴含的思想，必须了解这些历史规定性。只有通过对制定法律的那个时期进行历史考察才能阐述法律的历史规定性。

法律本身应该是客观的，也就是说，它应该直接展现自身，因此，解释的全部前提都存在于法律自身之中，或者存在于一般知识之中，比如历史知识、语言知识。一旦解释者将自己置于立法者的立场上，就进入了解释过程，但此种立场必须能够直接从法律本身显现出来。人们通常认为，法律解释完全以立法者的意图为准，然而，这只说对了一半，解释只以法律的意图为准，前提是此种意图可以从法律本身获知。

现在可以完整地界定法律解释的概念。

解释是对法律所传达的思想的重构，不论此种思想是清晰的还是晦暗不则“解释者应当站在立法者的立场上”——此种立场必须能够直接从法律本身显现出来。

（参见蒂堡的《关于罗马法逻辑解释的理论》第27—46页。）

第三节　应用实例

应用：关于个人语言习惯或特殊历史情景的偶然知识绝不应该作为解释的依据。举例。对以下陈词滥调的纠正：法律解释应当以立法者的意思为准（实际应用参见边码107）。

总之，解释＝对法律所包含的思想的重建，前提是可以直接从法律本身探知这种思想。

对一种流俗鄙见的批驳，这种观点认为，法律解释＝阐明模糊不清的法律。注意，以此种错误认识为基础，人们把法律解释划分为逻辑解释与其他解释。

第四节　解释的最高任务

解释的最高任务是深层次的考证。易言之，将毁损残缺的文本恢复原状，通过解释本身对解释的素材进行重构。它与古文书考证的关系，一般考证的概念。与所有的解释明的，只要它能够通过法律表现自身。[4]

目前流行的法律解释概念是毫无意义的。按照这个概念，法律解释就是对那些模糊不清的法律加以阐明。的确，如果把法律解释理解为对法律进行模仿性的阐明，那么这一概念是正确的，但它显然始终从属于解释的一般概念，而且“模糊不清的法律”这个概念本身也是极其不确定的。（由此产生了把法律解释划分为逻辑解释与其他解释的分类）

第二节　解释的最高任务

解释的最高任务是深层次的考证，易言之，将毁损残缺的文本恢复原状，通过解释本身对解释的素材进行重构。所有的给定物都只不过是被间接 145

〔4〕参见安东·弗里德里希·尤斯图斯·蒂堡：《关于罗马法逻辑解释的理论》，约翰·弗里德里希·哈默里布 1799 年版，第 27—46 页（第 9 章，关于逻辑解释、立法者的目的以及历史资料）。

一样，这种考证在本质上也属于以上所谈到的［对法律的］重建，其要素也包括逻辑、语法与历史。然而，它的前提
95 是文本的某些部分已经遗失或毁损，必须依据文本的“有机整体性”原则，借助于文本的其他部分再现遗失或毁损部分的真实面貌。对此进行说明，存在两种情形：

（1）文本自身直接产生考证的必要性，譬如，若干个手抄本作出互不相同的记载。

（2）解释自身发现此种必要性，譬如，所有的手抄本都作出了相同的错误记载。

在第一种情形中，考证只需要回答给定的问题，在第二种情形中，它必须自己提出问题并予以回答。

考证的确实性，虽然不可能确保在实际应用的过程中总是具备确实性，但必须将其作为理念。

考证的“独创性”？必要的“审慎”？考证应当排除主观恣意，追求必然性。

“推测性考证”？这是一个值得质疑的名称：存在一种真正意义上的“推测性考证”，仅仅依赖于构思精巧的推测，对于解释者而言，它是一种很好的预习方式，但却不属于法律科学的组成部分。

关于深层次考证的古文书学尝试：依据经过复原的文本，揭示不真实的文本是如何形成的。此种尝试的前提条件。由此可以满足所有的要求。

地给予的，在媒介的过程中以及在给予的过程中存在篡改的可能性。由于间接给定物与原始文本相偏离，所以，必须重建原始文本。深层次的考证必须同样由逻辑、语法、历史这三个要素构成——所有的解释都是如此。解释者甚至应当以模拟的方式形成法律的内容，前提是原始文本的某些部分已经遗失，需要将其找回。如果文本应该是一个整体，那么所有的部分都处于一个有机整体的脉络关联之中，易言之，任何一个部分都不可或缺。如果文本有某些部分是真实、正确的，就应当据此推断出不真实部分本来应该是什么样的。对此，可能存在两种情形：

（1）文本自身直接产生考证的必要性，譬如，存在若干个互不相同的版本。

（2）文本并未直接产生考证的必要性，而是由解释自身发现这种必要性。

在第一种情形中，考证只需要回答给定的问题，在第二种情形中，它必须自己提出问题并予以回答。

一如解释，所有的考证都应当寻求确实性。即便目前不能确保经常如此，至少也应当将其作为理念用于指导整个考证工作。考证中的“独创性”这个说法是完全不确定的，因为所有的考证都［应当］排除主观恣意并且以必然性为基础。

人们把这种深层次的考证称为“推测性考证”。它属于法律科学的一部分，因为它以古文书考证为前提。但对于我们的理论而言，“推测性考证”这个名称并不是完全贴切的，因为我们的理论以确实性为目标，特别是存在一种不同于“深层次考证”的非常独特的“推测性考证”，它纯粹依赖于构思精巧的推测，不属于我们讨论的范围。

通过考证获得的全部必然性与确实性都归因于采纳了“有机整体”这个概念。应用这些考证原则时，仍然存在一些不可靠的因素。任何给定物自然都与我们通过考证而发现的东西存在差异。给定物不再受到关注，但它依然是不可否认的历史事实。因此，不确定感仍然始终挥之不去。为了提供完全通过两个例子予以说明：

（1）对优士丁尼《学说汇纂》第41卷第1题第8条第1段（D.41.1.8.1）的解释，该段涉及所有权的取得。

（2）对乌尔比安《论著提要》第25题第13段的解释。

为了训练考证的才能，可以利用较差的《民法大全》版本，比如范·勒奥汶版（荷兰）以及 pars secunda（第二部分）。

的确定性，必须依据所发现的真实文本揭示篡改究竟是如何因为抄写或其他偶然因素而发生的。这项工作不属于文本考证，它是为了确保后者的正确性而进行的古文书学尝试。通过这种方式能够提供所有应当被提供的东西。 146

以上论述的原理可以通过两个例子予以说明：

（1）对优士丁尼《学说汇纂》第 41 卷第 1 题第 8 条第 1 段的解释。

该段涉及所有权的取得，内容是："在两块土地的交界处形成了一块石头，这两块土地属于共有物并且尚未分割，如果石头从地里被挖出，它属于分割前的共有物。"（Sed et si in confinio lapis nascatur，et sunt pro indiviso communia praedia，tunc erit lapis pro indiviso communis，si terra exemptus sit.）

在该法律中，将"土地属于共有物且尚未分割"加入"把一块被发现的石头认定为共有物的理由是该石头位于两块土地的交界处"这条规则中，显然是充满矛盾的。这里的每一个条件本身都是充分的，甚至两个条件互相排斥。

那么，如何校订这个文本呢？

两个条件必须如此分开，即每一条件各自限定一条规则。只需要附加上一个"si"（如果），把第二个条件表述为"et si sunt pro indiviso p."据此，可以把这句话清楚地解释为：在这两种情形中，石头都属于共有物。

那么，不真实的文本是如何从真实的文本演变而来的呢？这个段落还存在一个语法上的难题，第二个句子是直陈式的，所以在阅读时应当以"sint"取代"sunt"，在其他版本中也存在这种情况，比如哈罗安德 1529 年版。[5]

解释由此变得容易：我们发现，如果一串字母连续出现两次，它们只被书写一次，所以，在这个段落中，"et si sint"被简写成"et sint"。这种校订方法被称为"倍增法"（Geminazion）。

（2）对乌尔比安《论著提要》* 第 25 题第 13 段的解释。

该段的内容是："不得为了惩罚特定人或不特定人而设立信托。"（Poenae

---

* 《论著提要》似乎是古罗马后古典时期学者对乌尔比安《规则集》单卷本的摘要。

〔5〕格雷哥·哈罗安德编辑整理：《学说汇纂或潘得克吞五十卷本》，1529 年版（马堡大学图书馆珍藏本），第 1779 页。

causa certae vel incertae personae ne quidem fideicommissa dari possunt.）依据古［罗马］法，以惩罚为原因的遗赠是无效的，这也适用于信托。假如没有附加“certae vel incertae”，这条规则是没有疑义的。这个分类*是正确的，但却没有任何意义。这令人难以置信，乌尔比安本人不可能在这条规则中加入这个分类，真实文本的内容绝非如此，需要对此予以修正。所有困难都产生于对整个理论——乌尔比安《规则集》第 24 题与第 25 题——进行的体系化观察。遗赠与信托这两个法律概念在很多方面是相同的，二者的区别在于形式。遗赠是常规的，［遗产］信托是它的变体。对于后者，只需提出其变异之处即可。第 24 题第 17 段与第 18 段包含两条规则。第 17 段认为以惩罚为原因的遗赠无效，第 18 段认为对不特定人的遗赠无效。人们很可能会认为，这些规 147
则不能适用于通常和遗赠有所不同的遗产信托。乌尔比安为了防止出现这种误解，曾经说过这些规则也适用于遗产信托，但他对于前述第 17 段与第 18 段的关系只作了简短的表述。总之，真实文本是：“以惩罚为原因的遗赠或者对不特定人的遗赠（poenae causa vel incertae personae）是无效的。”“特定的”（certae）这个词应当删去。

那么，不真实文本中的“certae”这个词是从何而来的呢？

“vel”这个词通常涉及一对矛盾，在这个句子中也是如此，然而，必须把它与第 17 段与 18 段联系起来才能正确理解。但文本的抄写者对此却毫无认识，而很可能只是单纯从逻辑的角度把“vel”理解为“certae vel incertae”（特定或不特定的）这对矛盾。

为了训练考证的才能，有必要利用存在明显缺陷的较差的《民法大全》版本，将其与纯正的版本对照以观可以证实考证［的结论］。在较差的版本中，尤其值得利用的是范·勒奥汶版（荷兰）、弗里奥版以及 pars secunda（第二部分）。[6]

* 即特定人与不特定人之分类。

［6］狄奥尼修斯·哥特弗雷德整理汇编的优士丁尼《民法大全》（附注释）第二部分“学说汇纂”，1663 年由哈基乌姆出版于莱顿。

第五节　解释的原则概说

一、个殊性原则

每个文本都应当表述立法整体中的某一个部分，更确切地说，每个文本都应当包含一项自己特有的、不能被包含于其他文本之中的内容。

解释越具有个殊性而不是一般性地解释文本，就越有利于认识立法。

96 敏锐地揭示每一条法律规范的要旨的技艺。只有通过练习才能掌握这种技艺。术语的独特含义。

举例说明：

对优士丁尼《法学阶梯》第4卷第6题头段“诉权”的解释。

第三节　解释的原则

一、解释必须具有个殊性

任何合目的性的（zwekmäsige）解释都有两个既对立又统一的侧面：它必须既是普遍性的（universell），又是个殊性的（individuell）。

一部法律中的任何一个文本（段落）都应当表述法律整体的某一个部分，从而不能将其置于他处。解释越具有个殊性，越是以发现某个特殊的规则为目标，越不是一般性地解释文本，就越有利于立法的整体［认识］。解释者必须掌握娴熟的技艺，以每个文本（段落）自身为依据，敏锐地揭示其独特性。练习是掌握这种技艺的最佳渠道。对此，有一种很好的辅助手段：探寻术语的独特性，罗马法中充满了这样的术语，我们必须尽可能地把握其特殊意义。

对此，可以举几个例子予以进一步说明。

1. 对于优士丁尼《法学阶梯》第4卷第6题头段“诉权”的解释。该段 148
的内容是：“Actio…est…jus persequendi in judicio quod sibi debedtur.”一般认为，这段话的含义是：诉权是指通过法庭要求获得他人欠我的东西的权利。然而，这却不符合其本意。

权利救济手段本来只有两种：诉权（Akzion）与请求返还（Vindikazion）。* 所有的请求返还［之诉］都在裁判官面前进行，而诉权形式则以裁判官任命

* 现代学者都把罗马法中的vindication视为一种诉权，即请求返还之诉，用于保护物权，属于对物之诉，最典型的是“返还所有物之诉”（rei vindicatio），与vindication相对应的是condictio，即请求给付之诉，用于保护债权，属于对人之诉。萨维尼此处所谓的Akzion专指condictio，似乎受中世纪后期罗马法学者关于“债与诉权在《法学阶梯》中属于同一部分”之理论的影响。

对乌尔比安《论著提要》第5题第1段与第19题第7段的解释。

（参见“关于《潘得克吞》第41—50卷的讲义”。）

一个承审员（judex）为前提。物权与请求返还对应，债权与诉权对应。《法学阶梯》第4卷第6题头段关于诉权的定义已经暗示了它的特殊性，即诉权只涉及债。其中有两个线索：

（1）通过审判（in judicio），这个词指的是在一个承审员面前进行的诉讼程序。

（2）quod debetur，debere 这个词只涉及债权，与物权无关。

据此可知，诉权（Akzio）的本意是指在承审员面前要求获得某人基于债务应当给付我的东西。

2. 对乌尔比安《论著提要》第5题第1段与第19题第7段的解释。第5题第1段的内容是“基于父母的合法婚姻所生的子女处于家父权之下”（in potestate sunt liberi parentum ex justo matrimonio nati）。第19题第7段的内容是：“交付是略式物转让的方式……通过单纯的交付可以取得物的所有权，假如它是基于合法（正当）原因而交付给我。”（traditio proprie est alienation rerum nec mancipi…rerum dominia ipsa traditione adprehendimus，scilicet si ex justa causa traditae sunt nobis.）

上述第二段话的情况是：在私人之间可以通过两种方式转让所有权，如果是要式物，必须以曼兮帕蓄（Manzipazion）的方式转让，如果是略式物（res nec mancipi），可以通过交付而转让，但前提是，交付必须基于合法（正当）的原因（justa causa）。这意味着什么？人们可能对其作一般性的理解，但其本意却并非如此。“合法（正当）”通常涉及市民法（jus civile），而市民法涉及“法律”（lex）。* 因此“合法原因”是指涉及市民法的合法原因，交付的原因是某个债务关系。由此可见，“scilicet si ex justa causa traditae sunt nobis”这句话的意思是“前提是，基于市民法已经成立某个债务关系”。市民法上的债产生一项诉权，自然之债却不能产生诉权，从这个角度看，上面那句话的意思是：“前提是，该交付以某个能够产生诉权的债务关系为基础。”

* lex 在古罗马最初指私人约款，或某一共同体单方面制定的规范，或某一共同体的双边协议，后来通常指由某一权力机构按一定程序制定的法律，如阿奎利亚法（lex Aquilia），爱布兹法（lex Aebutia）等。

注：解释的个殊性原则的运用在很大程度取决于立法本身，即取决于立法的形式构造。因此，包括深层次考证甚至古文书考证在内的解释将会依立法内容本身的差异而变得更有益处、更有成效；将该原则运用于对乌尔比安的著作、《潘得克吞》《优士丁尼法典》《新律》的解释。整个古典法学时期的罗马法最为精致优雅，是立法的一个典范。此后，随着罗马民族及其语言的衰败，罗马法明显地堕落了：优士丁尼敕令在语言方面表现出东方式的奢华。

举例：比较裁判官告示中的一个段落，即《学说汇纂》第 43 卷第 2 题 1 条头段（D.43.2.1，pr.）与《法典》第 6 卷第 33 题第 3 条（C.6.33.3）。

（教会法与德意志法）

二、解释必须具有普遍性

每个文本都应当表述立法整体的一个部分，因此，作为一个部分，它只有在整体之中，即在其自然的脉络关联之中才能被认识。对于立法整体的构建是体系性研究的任务，然而，解释本身也需要阐明立法各部分之间的直接关联。这样的探究具有多样性，既可能以体系性研究为目的，在晚近的罗马法中，这条规则依然有效。

同样的道理，“合法婚姻”（justum matrimonium）是指市民法承认的婚姻，即父母双方均享有通婚权（Konnubium）的婚姻。

解释的个殊性原则的运用在很大程度取决于作为解释对象的立法的属性。立法在形式上越完美，这条原则就具有越强的可适用性，同时也越有成效与益处。就此而论，公元200年之前比较古老的罗马法是最为精致优雅的。在此后的岁月中，其价值急剧降低。在以下两个段落中存在一个明显的矛盾。第一段：“如果某人被允许进行遗产占有（bonorum possessionem），那么他就获得一个令状（Interdikt）。”（D.43.2.1）〔7〕

这段话有些要点在其后被修改，而优士丁尼依据古法又对其中一个要点进行修复（C.6.33.3）。〔8〕

将这两个段落对照以观，可以发现第一段话是简短、清晰、精练并且内容丰富的，而第二段话则是繁冗拖沓的，语词的奢华泛滥（Prunk und Schwall）给理解造成了障碍。

150

二、解释必须具有普遍性

立法必须表现为一个整体。对单个规则的解释应当产生这样的效果：单

---

〔7〕《学说汇纂》第43卷第2题第1段“乌尔比安《论告示》第67卷”：“裁判官宣布，如果某人基于我的告示被允许进行遗产占有，无论你是以继承人的身份还是仅以占有人的身份占有该遗产，只要未构成时效取得，而且他也没有恶意地实施某种行为使你终止占有，那么你就应当把该遗产还给他。”

〔8〕《优士丁尼法典》第6卷第33题第3条（敕令），优士丁尼致大区长官尤里安：被尊为神的哈德良皇帝发布的敕令……包含很多模糊性、困难以及错综复杂的声明……朕在此宣布，如果某人在有管辖权的裁判员面前依据一份遗嘱被指定为一项遗产的全部或部分的继承人，该遗嘱没有被撤销或宣告无效，不存在任何瑕疵，完整地保证了其原初形态，而且可以由法定数目的证人予以证明，那么，他在立遗嘱人死亡时就可以成为立遗嘱人的财产的占有人。

也可能以解释为目的。

可能存在两种情形：

其一，某个法律［规范］原本就是一个更大整体的一部分，因此，必须指出这个部分在整体中所处的位置，很可能是某一条可以借此得以确定或限定的更为一般的规范。

在优士丁尼法中，《潘得克吞》《法学阶梯》以及《法典》中的批复（Rescripte）属于这种情形。例如，《潘得克吞》第46卷第1题第27条第2段（D.46.1.27.2），《潘得克吞》第46卷第1题第28条（D.46.1.28）。

其二，某个法律规范原本就是被单独制定出来的，其目的在于修改立法的某一个方面，因此，必须指出立法的
97 哪一个方面被修改了。易言之，指出该法律规范在历史序列中处于什么位置。在优士丁尼法中，《法典》与《新律》中的敕令属于这种情形。

（例子，参见边码108。）

个规则借此可以与立法的整体两相契合，从而得到更好的理解。整体的构建不是此处的任务，而是“体系”部分的任务。然而，假如没有整体，势必难以理解各个具体部分，因此，我们必须将其与整体联系起来进行考察。这项工作类似于体系性研究，但二者的目的却是相反的。

可能存在两种情形：

单个的法律要么原本就是一个更大整体的一部分，比如从古代法学家著作中摘出来的片段，要么不是如此，比如，它在某个方面被更改。

第一种情形见于优士丁尼法中的《法学阶梯》《学说汇纂》以及《优士丁尼法典》中的相当大部分的内容。在古罗马早期，真正意义上的敕令（Konstituzionen）很少，但批复（Reskripte）却很常见，皇帝作出批复如同法学家提供解答（Responsum），每个批复都属于它诞生于其中的那个时代法律体系的一部分。因此，《法典》中的“批复”属于上述第一种情形。

第二种情形见于《法典》以及《新律》中的敕令，它们是自为的封闭性的法源。

法律解释应当兼顾这两种情形，不可偏废。

1\. 第一种情形中的解释

应当指明单个规则在整个体系中所处的位置。对此，可以举例说明：

《学说汇纂》第46卷第1题第27条第2段“乌尔比安《论告示》第22卷”：“如果主保证人是否具备偿债能力存在疑问，应当让次保证人共同偿债。”在罗马法中有一条一般规则：如果某个保证人被诉，他可以享受诉权划分照顾（beneficium divisionis），易言之，他只须清偿一部分债务。假如某个保证人援引这条规则，应当具备如下前提：其他保证人也具有偿债能力。因此，应当给这条规则附加一句话：“只有在其他保证人具备偿债能力的情况下，才能实行诉权划分。”法律*的目的在于进一步对此予以详细规定。假如保证人又为自己设置了保证人，该如何处理？假设有四个保证人为同一个债务人提供担保，同时，其他人又为其中的三个保证人提供担保，后来债权人

---

* 指的是上述乌尔比安提到的那条规则。

起诉这三个保证人以外的那个保证人，后者主张：我愿意清偿我应当清偿的份额，其余部分你必须先要求其他保证人清偿，假如他们没有清偿能力，你 151
应当要求他们的保证人偿债。判定保证人的偿债能力时应当在多大程度上考虑次保证人（Nachbürgen）是否具有偿债能力？答案是：应当把次保证人的财产（资力）计入保证人的财产（资力）。

在法律中只需要指出给定的个案与整个保证理论之间的内在关联。

一条因为误解而闻名的规则存在类似现象。优士丁尼《学说汇纂》第 46 卷第 1 题第 28 条“保罗《告示评注》第 25 卷”：“如果某个保证人主张其他保证人有偿债能力，那么［他被］赋予一项抗辩：其他保证人并非无偿债能力。”〔9〕实践法学家错误地以此为依据推导出一个“申诉”。

还是前面那个案例，但被诉求偿债的保证人否认共同保证人无偿债能力。易言之，案件存在争议。裁判官不会立即对一个有争议的案件作出判决，而是指定一名承审员查明案件事实。裁判官对承审员作出指示，给予他一个关于诉权与抗辩的程式（Formel）。* 眼前这个案例也是如此。原告诉请［某一］保证人清偿债务，因为其他保证人没有偿债能力，但被告在抗辩中否认后者无偿债能力。此时，承审员须对双方主张的真实性进行调查，然后依据调查结果作出判决。整个段落的含义由此变得清晰明确，即在此种情形中，保证人将被授予一项抗辩。

2. 第二种情形中的解释

立法者完全孤立地对某一领域的法律进行革新。［此时］首先需要对通过立法得以创立的新规范进行观察，必须阐述该法律身处其中的历史序列。对于此种情形，先前的法律是如何规定的？先前的法律在哪些方面被修改？

后面将对此举例说明。

---

* 所谓“程式”是指在程式诉讼中裁判官指派承审员时制作的一份书面训示，简要地列举被请求的权利和所涉及的事实，命令承审员：如果这些事实是真的，就处罚被告，否则就开释被告。承审员必须按照这个训示作出判决（事实审）。详见［意］彼得罗·彭梵得：《罗马法教科书》，黄风译，中国政法大学出版社 1992 年版，第 95 页。

〔9〕参见古斯塔夫·胡果对赫普夫纳（Höpfner）的《关于海内丘斯〈按法学阶梯结构阐述的民法原理〉的理论及实践性评注》的勘误（校正）与摘录，载于《民法杂志》第 1 卷，1803 年新版，第 98 页。

解释的个殊性原则与普遍性原则相结合：每一个解释都必须为体系提供结论。从这个意义上看，以下这条规则是正确的：所有的解释都必须具备实践目的，否则它就只能算是花拳绣腿。唯其如此，前面所要求的解释与体系的结合才是可能的。

第六节　民法解释的批判性历史概要

1. 民法解释史的第一个时期是注释法学时期（12—13世纪）。[注释法学家]处于完全的无知状态。忠实地解释各个法律规范。在不具备任何学术性知识的情况下，他们有时也能作出相当成功的解释。

2. 评注法学时期（14—15世纪）。评注法学家远不如注释法学家。他们属于实践法学家、汇编者，而不是解释者。

3. 人文主义法学时期，尤其是法国的人文主义法学（16—17世纪）。古典知识的勃兴。对古典知识的沉湎损害了解释的严谨性与纯粹性。他们的方法？典范：居雅斯（Cujaz）。对于《潘得克吞》所援引的一些法学家，他作了专门的讲授，此种做法被很多人效仿。由于缺乏其他形式，所以在注释的过程中，他们也会顺便讲到体系，他们的研目前需要做的是把解释的个殊性原则与普遍性原则联合为一个整体。每一个解释都必须力求为体系提供一个结论，即每一个解释都应当具有实践目的，因为它必须以阐明体系中的一条规则为己任。 152

迄今为止讲述的东西现在应当借助于文献评论予以阐释。我们只考察那些在方法上真正具有特色的论著，易言之，不考察单纯汇编性的作品以及个别抄袭作品。

第四节　解释的历史

法律解释的历史始于12—13世纪。

1. 法律解释史的第一个时期是注释法学时期，始于伊勒留斯（Irnerius），终于阿库修斯（Akkursius）。伊勒留斯在波伦亚开创了这个著名的历史时期，阿库修斯为它画上了句号。人们不借助任何其他手段对优士丁尼法进行解释，说明它们如何被流传下来。在解释的过程中，注释法学家非常忠于原著，但他们缺乏几乎所有的其他知识。他们做了他们能做的所有事情，所有的非难都不是针对他们的方法，而是针对他们的知识。

2. 这个时期之后是14与15世纪的评注法学时期。代表人物包括巴托鲁斯（Bartolus）、巴尔都斯（Baldus）等。评注法学派远不如注释法学派，二者之间的关系大致相当于今天的实践法学家与理论法学家之间的关系。

3. 15、16世纪，随着古典文学的勃兴，人们开始在学术层面上研究法学。可以把这个时期称为法国人文主义法学时期，它从16世纪持续到17世纪。人文主义法学家弥补了注释法学家的缺陷，但他们过度热衷于古典文学，以至于丢失了严谨的纯粹的［法学］方法。他们所取得的成就远远不够。真正意义上的纯粹的解释尚付阙如。人文主义法学家还未曾想到对法学进行体系化的观察，他们根本就没有去寻求体系。居雅斯（Kujaz）是这个学派的一个典范。他以及他的追随者对法律进行解释并且力图恢复古代的法学，对一

究由此具备了延伸性。例如，居雅斯在其《作品全集》第5卷中曾对D.46.1.28关于保证的论述（保罗《告示评注》第
98 25卷）进行了这样的研究。

在这个时期，出现了很多法源汇编者，尤其是哈罗安德（Haloander）与孔蒂乌斯（Conzius）。他们与解释的关系？对他们的特点进行描述几乎是不可能的，因为我们手头缺乏关于他们的考证方法的完整介绍。

4. 荷兰法学派（17—18世纪）。与前一个历史时期的区别：在人文主义法学时期，人们通常把人文主义知识等同于科学；而现在，各个学科走向独立，出现了专门的语文学家，尤其在荷兰，法学的特性由此得以确定。荷兰法学家具有深厚的学养，但在实际应用的过程中，他们总是纠缠于细节。他们的解释并不比法国人文主义法学家高明，在很多方面甚至比后者更糟糕。

安东尼乌斯·舒尔廷（他对《前优士丁尼时代的法学》进行注释）：他的著作很优秀，但大都是延伸性的论述。成果？并非真正意义上的解释，而是运用全部的相关知识指导读者自己进行解释。

J. 康勒基尔特（Kannegieter）出版了乌尔比安《规则

些法学家的著作进行还原。但他们却忽视了体系，因为他们并未把既存的东西当作一个整体予以研究。他们的研究方法是延伸性的（exkurrirend），而非纯粹注释性的。在延伸过程中也谈到体系，而在其他时候根本未涉及体系。居雅斯在其著作中也曾对保罗的《告示评注》第 25 卷的各个段落进行汇编，我们前面援引的（D.46.1.28）保罗关于保证的论述在其《作品全集》（Opera 153
omnia）第 5 卷中就曾被提及。[10]在此处，居雅斯加入几句题外语，对“诉权划分照顾”进行一般性的阐述，而这本来与这个段落的解释毫无关系。

在这个时期，特别值得注意的是有很多法学家致力于对法源进行全面的汇编出版，尤其是哈罗安德（Haloander）与孔蒂乌斯（Konzius）。后者除此之外还撰写了一些法学论著。哈罗安德与孔蒂乌斯都是未加评论与考证地出版法源，假如，他们道出自己为何总是选择这种形式的缘由，我们就可以称其为解释者。

4. 继之而来的是荷兰法学派，时间跨度是从 17 世纪末到 18 世纪。在前一个历史时期，人们把人文主义知识、文学、古文物研究与科学等视齐观。而现在，语文学成为一个独立的学科，尤其在荷兰，那里诞生了一批才华横溢的语文学家。尽管荷兰法学家学识渊博，但他们总是纠缠于细节，因此，他们的方法很少比法国人文主义法学家高明，在很多方面甚至比后者更糟糕。

安东尼乌斯·舒尔廷（Schulting）是最有成就的荷兰法学家之一，特别值得一提的是他的《前优士丁尼时代的法学》（Jurisprudentia antejustinianea），[11]在这部书中，舒尔廷附加了自己的注释，这些注释是这部汇编作品中最好的部分，因为该书在文本研究方面乏善可陈。舒尔廷同样也专注于延伸性的论述，但他在这方面更有学术水准。他的解释也并非真正意义上的解释，更多

[10] 居雅斯：《作品全集》，第 5 卷，1722 年由 M.A. 穆提奥出版于那不勒斯，第 372 页。

[11] 安东尼乌斯·舒尔廷（校阅、评注）：《前优士丁尼时代的法学》，1717 年由林登出版于莱顿；1737 年由魏德曼尼亚那再版于里普西埃。萨维尼在 1811 年购得该书 1717 年版的一个珍藏本，书中附有舒尔廷的亲笔边注，现收藏于波恩大学图书馆，对此，可参看阿道夫·施托尔（Stoll）：《弗里德里希·卡尔·冯·萨维尼：生平素描（ein Bild seines Lebens）及其书信集》，第 2 卷：《在柏林大学的教授生涯》，1929 年由海曼出版于柏林，第 74 页。

集》（单卷本）残篇以及科拉蒂奥（Collatio）的一部著作，他以一种近乎可笑的方式加重了上述缺陷，其研究方式也是延伸性的，但他表现出更彻底的随意性，缺乏内在的动因。

例如，他对乌尔比安《论著提要》第 24 题第 8 段、第 9 段，第 11 题第 9 段，第 10 题第 4 段，第 7 题第 1 段的研究。

荷兰法学家的解释尤其是考证总是侧重于那些无关紧要的事项。并不是说这些事项没有任何意义，然而，解释终究存在一个最终目标，据此可以判定各个解释对象的重要性程度。这一点是公认的，至少对著作而言确实如此。
99 大多数荷兰法学著作的形式是“观察”“解释”等。

5．第五个时期：德意志法学派。在德国，从来不曾有过更具一般性的解释，有些地方的学者效仿荷兰法学派，如莱比锡大学的法学家，他们具备人文主义素养。他们的论文——普雨特曼（Püttmann）、施托克曼（Stokmann）——按照主流语言习惯，解释“优雅法学家”这个概念；他们的法学观：古典学识并非可用于在法学中获取某种真实东西的工具，毋宁说，后者是前者的工具——它有助于对前者的运用与展示。才华出众的学者却写出糟糕的作品：轻视真正的优雅以及更深刻的解释，将其视为不必要的，至少在我们这个时代如此。

的是指导读者自己进行解释，而不是由他提供现成的解释。这个时期，其他荷兰法学家也出版著作，但皆不如舒尔廷的著作。其中，约翰内斯·康勒基尔特（Kannegieter）1768 年出版了乌尔比安《规则集》(单卷本）残篇以及科拉蒂奥（Kollazio）的一部著作，加入了自己糟糕的注释。[12]他以一种近乎可笑的方式把两个仅仅具有某些相似性的事物混为一体，二者的结合完全是随意的、偶然的（参见乌尔比安《规则集》残篇第 7 题），[13]仅仅是因为舒尔廷、居雅斯以及其他学者一直都认为如此结合是适宜的。

5. 第五个时期：德意志法学派。这个学派通常很少从事解释，但莱比锡大学是个例外。那里的学者在很大程度上效仿荷兰学派，因此也同样专注
于细节。普雨特曼（Püttmann）是其杰出代表，只是他身上恰恰也具有荷兰 154
法学家的缺点。同样杰出的还有依然健在的施托克曼（Stokmann）。荷兰法学派的方法在其典范性的优雅论文中得到淋漓尽致的发挥。[14]

这些法学家的全部研究方法都根源于一个错误，即他们只［注重］表现渊博的古典学识。结果是，很多才华出众的学者把精力投入这些低劣的考证与解释，真正的学术性研究反而遭到冷落。

［12］约翰内斯·康勒基尔特整理注释：《多米第·乌尔比安的〈规则集〉(单卷本）残篇》，1768 年由 J.H. 科荣出版于莱茵河畔的特拉耶克蒂。

［13］安东尼乌斯·舒尔廷（校阅、评注）：《前优士丁尼时代的法学》，1737 年由魏德曼尼亚那出版于里普西埃，第 587 页的注释（1）。

［14］约西亚斯·路德维希·恩斯特·普雨特曼（1730—1796）属于莱比锡优雅法学派，该学派以从事古法的考察而著称。普雨特曼撰写了大量的人文主义法学论文以及关于法源段落的考证性评注。奥古斯特·科涅里乌斯·施托克曼（1751—1821）属于同一个学派，自 1782 年开始担任莱比锡大学教授。

唯一可以称得上典范的解释家是雅各布·哥特弗雷德（Jakob Gothofred）。他不属于上述任何一个学派，生活的时代比法国人文主义法学派稍晚——1587 年生于日内瓦，曾在巴黎担任律师，后任日内瓦大学教授，并曾任议员（多次担任顾问与公使），1652 年卒于日内瓦。

1617 年，他出版了《市民法的四个来源》的主要部分。[1]

在他去世之后，才有人于 1665 年发现了其未竟巨著《狄奥多西法典评注》（Kommentar über den Codex theodo-
100 sianus）的手稿。这是一部最完美的法学著作：纯正的解释，更确切地说，对纯正的法典的解释。举例说明。

值得注意的是，他关于法学方法的见解，参见他的《法学手册》一书的前言以及《法典中关于叛逆罪的尤利法的历史探讨》。

---

[1] 雅各布·哥特弗雷德：《十二表法残篇复原》，1617 年由朗塞洛蒂出版于海德堡。

迄今为止，深刻透彻的解释尚未在任何一个学派占据核心位置。就此而论，或许只有一个法学家曾经从事这样的解释，而他却不属于上述任何一个学派。这个法学家就是雅各布·哥特弗雷德（Jakob Gothofred），* 1585年9月13日生于日内瓦，** 1652年6月24日卒于此地，曾任日内瓦大学教授，后任议员。其比较杰出的著作是《市民法的四个来源》，[15]特别是他对《十二表法》的研究，极其出色，并且于1617年出版了这方面的研究成果。直至他去世之后才有人于1665年将其未竟巨著《狄奥多西法典评注》（Kommentar über den Codex theodosianus）的手稿整理出版。[16]这部著作是完满解释的唯一典范。在研究皇帝敕令的时候，需要因循特殊的进路：着重阐述敕令中的更新之处。从以下例子可以看出，雅各布·哥特弗雷德严格遵循这条法则。在对《狄奥多西法典》第7卷第21题第7条的内容进行阐释时，他完全立足于该段落本身。对《狄奥多西法典》第5卷第1题第3条与第5条的阐释也是如此。[17]

对于这样一位法学家，尤其重要的是了解他关于法学研究的观点，值得注意的是他曾在《法学手册》一书的前言中阐明自己的观点。[18]他把法学课程划分为三个部分：

《法学手册》旨在为第一部分服务。该书包括四个部分，即：（1）法 155
律史，概论性的而不是详尽的；（2）法学书目大全，即法源学（Quellenkunde）；（3）法学观点，即从《法学阶梯》与《潘得克吞》中挑选出包含一般规则的段落，仅提供一般性的概览；（4）《潘得克吞》与《法典》导论，包括若干部分的内容及其内在关联。

---

* 他是狄奥尼修斯·哥特弗雷德之子。

** 在萨维尼讲稿中，其出生年份是1587年。

〔15〕雅各布·哥特弗雷德：《市民法的四个来源》（对《十二表法》《尤利与帕皮亚·波培法》《永久告示》与《论萨宾》进行整理复原），1653年首次出版于日内瓦。在《萨维尼日记》第2卷第61—64页，萨维尼记录了哥特弗雷德的生平与著述，其中提到了哥特弗雷德的《十二表法残篇复原》，并对其版本信息作了说明。

〔16〕雅各布·哥特弗雷德：《狄奥多西法典评注》（6卷本），1665年由胡古尔坦与拉瓦乌德出版于里昂。

〔17〕同上注，第1卷，第346—349页、第426页、第429页。

〔18〕雅各布·哥特弗雷德：《法学手册》，1632年由托恩斯与皮埃尔出版。《萨维尼日记》第1卷第61—62页对该书作了简要介绍。

这些都属于预备性的学习内容，紧随其后的是第二部分：古代法源的历史阐述。为此，哥特弗雷德编写了《市民法的四个来源》，该书包括：（1）《十二表法》研究，已完成；（2）裁判官告示研究，未完成，只列出提纲；（3）《尤利与帕皮亚·波培法》（Lex julia papia poppaea）研究，已经写出来，但没有《十二表法》研究那么完备；（4）《论萨宾》研究，同样只拟出提纲。

第三部分是“优士丁尼法精读”，包括：（1）决疑式（kasuistik）的解释，基于案例分析的法律解释导论；（2）关于消除表面上的矛盾的理论；（3）法源的内容导论；（4）法学书籍知识导论。

哥特弗雷德自己感到上述规划仍然存在漏洞，他曾在《法典中关于叛逆罪的尤利法的历史探讨》中表明这个想法。〔19〕

他尤其希望以历史的方法从罗马法中归结出一个立法政治学体系，此外还希望写一部《法学阶梯教科书》——只包括结论，不包括学说争议。此外，他早先还希望从事以下研究：

（1）对《告示》进行复原；

（2）古代法学家的著作复原——后来霍默尔（Hommel）在其《再生》（Palingenesie）一书中曾经在一定程度上对此进行尝试，但相当鄙陋；〔20〕

（3）对《法典》中的敕令进行复原，并且对其予以历史整合；

（4）古罗马文物体系。

〔19〕雅各布·哥特弗雷德：《法典中关于叛逆罪的尤利法的历史探讨》，1633 年由托恩斯出版于日内瓦。《萨维尼日记》第 1 卷第 256 页对该书作了简要介绍。

〔20〕卡尔·费迪南德·霍默尔：《古代法学著作的再生》（3 卷本），1767—1768 年由格奥尔格出版于里普西埃。

第二章　法学的历史性研究

舒尔廷:《法律史报告》(1712 年)，载于《学术评注：法学素材选论》第 2 卷。

其内容——价值与缺陷。

注意，对照巴尔杜因（Balduin）的《包含法律史的普遍历史初阶》。

历史与政治学——法学的辅助科学，不属于此处谈论的对象，我们在此处只涉及法学的历史性研究本身。

101 舒尔廷的《法律史报告》第 125 页。

这种研究是绝对不可或缺的，尤其是对优士丁尼的立法而言。为何如此?

第一节　历史的内在关联性

绝不应当仅仅孤立地探寻各个历史序列，比如，所有权本身的历史，或者比这更狭隘的历史。这样的研究只能取得很有限的成果，甚至经常是完全错误的。

第二章　法学的历史性研究 156

舒尔廷:《法律史报告》(1712 年),载于《学术评注:法学素材选论》第 2 卷。[21]另见巴尔杜因(Balduin)的《包含法律史的普遍历史初阶》。[22]

法学中有很多东西如果不借助于历史知识就根本无法理解。但我们这里所谈论的并不是运用历史知识去理解法学本身,而是法学在多大程度上应当具备历史性。

舒尔廷的《法律史报告》第 125 页。[23]

这种研究是绝对不可或缺的,尤其是对优士丁尼的立法而言,因为每一个立法都或多或少地是以往立法史的结晶。优士丁尼并无独创一部法典的意图,他只想对既存的丰富的法律素材进行单纯的汇编,历史的整体由此转变为[新的]法律。从其形式上看,优士丁尼立法就已经具备了上述历史性,譬如,它们的名称——它们的各个片段与此存在渊源关系——是给定的。

那么,应当如何进行这样的历史性研究呢?这涉及两个方面:(1)历史的内在关联性;(2)历史的区分。

第一节　历史的内在关联性

如何建立历史关联?

〔21〕安东尼乌斯·舒尔廷:《法律史报告》(1712 年),载于《学术评注:法学素材选论》(4 卷本),1770—1774 年由赫默德出版于哈勒,第 2 卷(1772 年),第 119—154 页。

〔22〕巴尔杜因:《包含法律史的普遍历史初阶》,1561 年由韦希鲁姆出版于巴黎。

〔23〕安东尼乌斯·舒尔廷:《法律史报告》(1712 年),载于《学术评注:法学素材选论》(4 卷本),1770—1774 年由赫默德出版于哈勒,第 2 卷(1772 年),第 125 页。

法学的历史性研究（法律史）＝体系史的整体

举例：

（1）通过长期取得时效制度修改古老的取得时效制度（usucapio）。

（2）把遗赠（Legate）与遗产信托（Fideikommisse）等视齐观，只有依据遗赠的古老形式才能对此予以深刻地评判。

（3）特别值得注意的是：无遗嘱的遗产占有（bonorum possessio ab intestato）在新法中的应用。

约翰·克里斯托弗·科赫：《市民法上的无遗嘱继承》，第131题。

历史性研究的最高任务：法源学之于法律史，恰如考证之于解释（古文书考证＝对法源进行一般性的历史记录；深层次的考证＝关于法源研究的历史性推论）。

研究的法则：我们应当毫不迟疑地对此种历史联结进行深入思考，彻底地执行它，把它作为法学研究的目标。首先构建一般性的框架，选定一个主要时期，然后借此把各个具体的素材研究联系起来（举例）。

文献：自16世纪以来，法学家已经取得了很多优秀的历史性研究成果，然而，几乎所有的著作都是单纯地把历史视为法学的手段。易言之，把历史研究视为法学研究的出色的预备工作。举例说明。

最简单的方法是考察各个历史时期的立法对一个特定的问题如何作出不同的回答。然而，我们绝不应该仅仅停留在这一层面上，否则就只能取得很有限的成果，在很多时候甚至几乎不可避免会犯错误。我们必须把法体系看作一个不断发展的整体，易言之，把它视为法体系史的整体，这［条法则］决定了一切。例如：

（1）通过长期取得时效制度修改古老的取得时效制度（usucapio）。 157

（2）依据遗赠的古老形式对于将遗赠（Legate）与遗产信托（Fideikommisse）等视齐观进行深刻的评判。

（3）无遗嘱的遗产占有（bonorum possessio ab intestato）在新法中的应用。[24]

解释的最高任务是考证，在法律史中存在某些类似之处，即法源学，它也是为历史性研究提供素材，而且，它也同样要么是古文书学，即对流传下来的法源进行一般性的记录，要么是更高层面上的，即对给定的素材进行纯化，这是法律史的最高任务。古文书学有其研究的法则，更高层面的法源学本身源于法律史，其任务是对法律素材进行研究与构建。

辅助手段：我们应当立即对这个法律史概念予以清晰透彻的思考，并且把这种历史性的处理作为整个法学研究的目标予以阐述。最后应当选定一个主要时期并借此把各个具体的素材研究联系起来。

自 16 世纪以来，在法律史方面已经进行了很多研究，然而，几乎所有的研究都停留在这一层面，即仅仅把历史视为法学的手段与基础知识加以研究，没有人提出上述目标。在这方面，比较有代表性的包括巴赫（Bach）、海内丘斯（Heineccius）、希格尼乌斯（Sigonius）、魏林（Wieling）、舒尔廷等人的著作。只有胡果的《罗马法史教科书》[25]是一个好的典范，在这本书中，法体系本身被视为处于历史发展中的东西予以阐述。人们更关注的是胡果这本书的方法与形式，而不是具体细节，后者存在一些不足之处。

［24］约翰·克里斯托弗·科赫：《市民法上的无遗嘱继承》（第 8 版），1798 年由克里格出版于基森，第 203—206 页（第 131 题）。

［25］古斯塔夫·胡果：《罗马法史教科书》（第 2 版），1799 年由奥古斯特·穆里乌斯出版于柏林。

102 胡果的《罗马法史教科书》几乎是唯一优秀的典范以及法学研究的辅助手段。其著作的先进性，方法上的价值胜于具体细节。

第二节 历史区分

依据法源的不同对法学予以区分，这是完全必要的，也是法学研究的首要法则。对于那些本身就互不相同的东西必须加以区分。应当在彻底区分不同法源的前提下研究法学。大多数法学家却违背这条法则，包括两种情形：

（1）仅仅是在实践中无意识地这么做。

这种错误的做法在刑法领域最为常见。举例：拉比纳。

约翰·安东·路德维希·塞登斯蒂克的《1796年法学文献的精神》，1797年出版于哥廷根。

（2）明确表达相反的原则——单纯依据研究对象来阐述法学。

比较典型的是胡费兰（Hufeland）的《全部实在法阶梯》，1798年出版于耶拿。

第二节　历史区分

对于那些本身就互不相同的东西必须加以区分。应当在彻底区分不同法源的前提下研究法学。然而，晚近的大多数法学家却背道而驰，其中有些法学家是在实践中无意识地这么做，有些法学家则明确提出与此相对立的原则。

1. 第一种缺陷在刑法领域最为常见，更确切地说，在刑法领域，存在两种法源，即罗马法与德意志法，二者都非常宽泛。如果不对这些法源进行 158
明确的区分，就会混淆不清。就连费尔巴哈（Feuerbach）这样最优秀的刑法学家也不例外。人们在任何情形中都同时观察罗马法与德意志法并且对其进行历史性阐述，就好像它们处于同一个历史序列中一样。人们相信，德意志人在古罗马人停止思考的地方继续思考。通过这种直接的结合不可能进行深刻的考察。约翰·安东·路德维希·塞登斯蒂克（J.A.L.Seidensticker）在《1796年法学文献的精神》[26]一书中曾对此进行深刻的批判。

2. 第二种缺陷也不少见。犯这种错误的法学家并不否认历史研究的必要性，但却认为此种研究仅仅是铺垫性的，在他们看来，存在一种完全绝对的法学研究，只以研究对象为依据，完全不考虑法律素材的历史差异。比较典型的是胡费兰（Hufeland）的《全部实在法阶梯》，[27]他试图向初学者提供毫无争议的法学定论，忽略所有的历史素材。对初学者而言，这样的概要无疑是很实用的好作品。然而，真的可以不顾及法源的差异性吗？当然不能，

〔26〕约翰·安东·路德维希·塞登斯蒂克：《1796年法学文献的精神》，1797年由迪特里希出版于哥廷根。

〔27〕哥特里伯·胡费兰：《全部实在法阶梯——德意志所有现行法的一般概念与定理的体系化百科全书》，1798年出版于耶拿。

该书的计划：供初学者使用，关于法学定论的概要。可能实现吗？他忽略了所有的历史内容（例如：第134页关于时效的论述）。内容从何而来？（形式主义，参边码13。）此种实践性的定论体系的价值：它要么是最高深同时也是最艰难的研究成果（比如刑法中的著作），要么是最糟糕的成果（如穆勒的《新法学简明手册》）。

第三节　法学与政治学、历史学的关系

103 法学可以用于解释政治学与历史学。

1. 应用于政治学

此种应用与法学中的历史——政治性研究不同，后者是对法律的阐释。

有些法学家曾经做过这样的研究，但方法却很糟糕，甚至一些比较优秀的法学家也是如此：运用空洞无物的陈词滥调、伦理准则等。最典型的是托马修斯（Thomasius）。

孟德斯鸠（Montesquieu）对所有的宪制与立法进行历史考察，其目的是获得一般性的政治评判。

这样的概要通常是根本不可能的，因为它略去了所有的历史内容，取而代之的是一些错误的东西。我们在后面的体系理论中（参见边码 162）还要涉及这个问题。

尽管法源具有多样性，但仍然应该有面向法官的实践性的而非历史性的结论。那么，关于此种结论的阐述在多大程度上是可能的呢？

它既可以是深刻的，也可以是浅显的。深刻的著作是法学家学术事业中的最高同时也是最艰巨的任务，它需要阐明每一个立法的内容，并且从中推导出一个关于［这些内容之间的］关联性的理论。这样的著作绝对不可能为初学者所用，尽管胡费兰的著作是如此定位的。

除此之外，还存在一种关于法源结论的浅显易懂的阐述，就像法学辞典以及专业辞典（Realwörterbücher）中的内容那样，比如穆勒的《新法学简明手册》。〔28〕

第三节　把法学运用于解释政治与历史

本章只探讨法学的历史性研究，然而，法学反过来也可以用于解释其他 159
科学，尤其是政治学与历史学。

1. 政治学

法学的历史性研究本身就与政治学存在密切的联系，政治的基本准则被视为法律的基础。然而，法学在此种情形中依然是目的。与此不同，我们也可以通过对法学本身进行阐述来批判政治，把立法与其效果对照以观，并借此对政治准则进行评判。

然而，法学著作中既有的不算太多的尝试，尤其在荷兰与法国，实在是微不足道。最典型的是托马修斯（Thomasius）的著作，他试图否定罗马法。有一部著作把所有立法的历史性研究专门而且深刻地运用于一般性的政治观

〔28〕约翰·恩斯特·尤斯图斯·穆勒：《新法学简明手册》，1785—1790 年出版于里普西埃，共 12 卷。

2．应用于历史学

立法本身只能被视为历史整体的一部分。

爱德华·吉本（Gibbon）的《罗马帝国衰亡史》第44章（古斯塔夫·胡果1789年翻译并出版于哥廷根）[2]——惊世骇俗的研究成果：在这方面几乎比我们任何法学家都更为出色。凭借这方面的研究以及在研究过程中所运用的与我们截然不同的方法，该书获得了独特的价值。如果说该书存在败笔，那就是："帝国衰亡"［这个主题］影响了他对罗马法的观察，罗马法的真正价值产生于共和国的黄金时期。

蒂堡在《关于法学理论某些部分的尝试》第2卷第327页提出的问题。[3]后面（学院性研究方法部分）将对该问题作出回答（参见边码133—135）。

---

〔2〕爱德华·吉本：《罗马法的历史概况——〈罗马帝国衰亡史〉第44章》，古斯塔夫·胡果译注，1789年由J.C.迪特里希出版于哥廷根。

〔3〕安东·弗里德里希·尤斯图斯·蒂堡：《关于法学理论某些部分的尝试》（2卷本），1798—1801年由毛克出版于耶拿，第2卷，第327—328页。

察与政治目的，那就是孟德斯鸠（Montesquieu）的《论法的精神》。[29]

2. 历史学

我们可以把立法视为民族史的一部分。关于这方面的研究，尤其是罗马法的研究，爱德华·吉本（Gibbon）在其《罗马帝国衰亡史》中提供了杰出的典范，尤其是该书第44章（古斯塔夫·胡果1789年翻译并出版于哥廷根）。[30]如果说该书的这一部分在整体上以及在其与整部书之整体的关系上存在败笔，那么其原因就是：在罗马帝国走向衰亡的时代，罗马法绝非处于鼎盛时期，就其独特的视角与价值而论，真正的巅峰出现于共和时期。

〔29〕夏尔—路易·德·色贡达·德·孟德斯鸠：《论法的精神》，1748年匿名出版于日内瓦。

〔30〕爱德华·吉本：《罗马法的历史概况——〈罗马帝国衰亡史〉第44章》，古斯塔夫·胡果译注，1789年由J.C.迪特里希出版于哥廷根。

第三章　法学的体系性研究

104

第一节　什么是体系

体系＝解释的各种对象的统一。这个概念从总体上看既没有难点也无可疑之处，详而言之，最好通过描述最典型的误入歧途的对立物来获得对这个概念的深切认识。

1. 尚未达到真正的体系化高度的研究成果，即拥有多样性的素材，但没有成功地进行整合。

最典型的例子：霍法克（Hofakker）的《罗马—日耳曼民法原理》第 1 题、第 8 题、第 772—774 题。

体系性研究应当对法源的内容进行间接阐述，而在这本书中，作者却对其进行直接阐述，在大多数情形中直接使用立法的原话。结果是，那些在立法本身之中是正确的好的东西，在这个新的整体中却变成错误的糟糕的东西。［这样的著作属于］法源汇编。这也是体系与条理化的法源汇编的区别。

第三章　法学的体系性研究

160

第一节　什么是体系

体系＝解释的各种对象的统一。这个概念从总体上看既没有难点也无可疑之处，详而言之，最好通过描述最典型的误入歧途的对立物来获得对这个概念的深切认识。

与纯正的体系化法则相背离的主要有两种情形：要么尚未达到体系化的高度，要么超出了体系的高度。

1. 尚未达到真正的体系化高度的研究成果，即拥有应当被整合为一个体系的多样性素材，但事实上并未成功地进行整合。

霍法克（Hofakker）是这类法学家中的佼佼者。在其《罗马—日耳曼民法原理》[31]中，尤其在第 1 卷第 1 题“正义与法”中，他没有借助于体系的媒介，而是直接对那些可以在立法中找到的东西进行阐述，其结果是那些在立法本身之中显得清晰正确的东西变得模糊且错误。对于这些概念只能进行纯历史的研究。后面的第 8 题在概念上与第 1 题也不相契合。另一个例子是第 2 卷中的第 772—774 题，霍法克在此探讨占有如何丧失。在第 772 题，他提出了关于这个问题的一般规则，然后在第 773 题与第 774 题举出两种关于占有丧失的具体例子：（1）持有（Detenzion）——物理上的能力——之丧

〔31〕卡尔・克里斯托弗・霍法克：《罗马—日耳曼民法原理（Principia iuris civilis Romano — Germanici）》（3 卷本，附索引），1788—1801 年出版于蒂宾根。此处引用的是第 1 卷的第 2 页、第 5 页；第 2 卷的第 50—52 页。

霍法克是有意地运用这种错误的研究方法，而大多数法学家则是因为缺乏［体系化阐述的］能力。很多出自学识渊博的法学家之手的低劣作品都有这样的通病，尽管如此，其中的大部分作品都比较实用。

2. 超出真正的体系化高度的研究成果，即追求统一性，但却欠缺多样性［的素材］。人们通常把这类研究者称为哲学法学家（philosophische Juristen）——与真正的体系化方法不同，他们的方法普遍具有任意性。

这种任意性要么表现为公然反对法律，但这种情况并不多见，只有康德主义者偶尔表达过这样的意图；要么是隐蔽的，潜藏在形式的外衣之下。

第二节　法体系的形式要素

形式，或者说体系的形式要素的概念：它是认识立法失；（2）占有意思的终止。这两个例子本身都是恰当的，但不幸与第 772 题中的一般规则相矛盾，该规则是：一如占有的取得必须同时具备心素与体素（animus und corpus），占有的丧失也必须同时丧失心素与体素。

为什么会出现这种矛盾现象？因为霍法克在此处依然直接对立法内容进行逐字逐句的阐述，而这显然与作为法源研究成果的体系存在差距。

以上提到的段落皆出自优士丁尼的《潘得克吞》。这样的实践性矛盾绝对不允许出现在一个解释体系中。在体系中向我们呈现的应该是［法的］整体内容，而不是直接的个别内容。霍法克显然是有意地运用这种错误的研究方法，他相信这样可以确保研究的忠实性。由此可以看出霍法克的上述做法是基于何种错误观念的。

很多法学家都犯过这种错误，但大多数法学家都不是有意地运用这种方 161
法，而是因为缺乏论述能力。由此产生了很多出自学识渊博的法学家之手的低劣作品。我们可以恰当地将其称为“法源汇编”。尽管如此，这些书中的大部分都非常实用，但不属于体系化阐述，只能算是条理化的法源汇编。

2. 超出真正的体系化高度的研究成果，即或多或少地追求统一性，但却欠缺多样性［的素材］。这是一种不忠实的研究。人们通常把这类研究者称为哲学法学家（philosophische Juristen），因为他们过度地被任意性所引导。这是一种反法律的革命。

这种不忠实的研究要么公然反对法律，这种情况并不多见，只有少数研究者明确表达这样的意图；要么间接、隐蔽地背离法律，体系的形式掩饰了其意图，这种情形更为常见。以下专门探讨这种情形。

第二节　体系的逻辑媒介：形式

体系的内容是立法，即法律规范。为了一方面逐个地，另一方面在整体内容——法律规范——的逻辑媒介。

所有的形式要么涉及单个的规则，或者说涉及包含于这些规则中的概念：定义与划分；要么涉及这些规则的联结：整合。人们通常将第二种情形称为“体系”。

105

一、定义与划分

对概念的错误界定首先有害于解释。同时，在体系中，与立法本身之中包含的概念有所偏离的概念也是很多错误的间接来源——也就是说，体系构建者自由地选择用于阐明其体系的逻辑媒介：每个定义都是正确的（排除了内在矛盾），因为它界定了他们的概念，充其量只能说它是多余的。然而，对于每一个被阐明的概念，读者必定会形成这样的观念：这个概念符合法律现实，易言之，在法律规则中，它本来就是如此。通过这种方式，一个任意构造的概念悄然地转变为一条错误的规则，也正因为此种错误的形成过程是隐蔽的，所以它是最难以消除的——这一方面表现为，在那些探寻深奥理论的法学著作中，也能看到实践家明显的创造；另一方面表现为，那些没有遵循历史区分原则的体系性著作也能够获得一定的法律内容，但这些内容却是完全任意地构建的（参见边码 102——形式主义，这种体系的要素只能是单纯的形式或逻辑层面上的真实性与脉络中认识它们，我们需要一个逻辑媒介——形式（Form），即对立法的全部内容予以认识的逻辑条件（媒介）。所有的形式要么用于阐明单个法律规则的内容，人们通常称之为定义与划分；要么用于整合多个法律规则，人们通常将其称为真正的体系。

一、概念的阐明

必须认识单个的法律规则，即必须阐明其中所包含的概念，或者说给出定义与划分——后者本身又可以归结为前者。其中至关重要的是通往法律的道路——发生学意义上的忠实，尤其是揭示事物的矛盾。具言之：

（1）在体系中自然不应该对法律规则未使用过的概念进行阐述。每个概念都必须符合法律现实。

在科赫的《市民法上的无遗嘱继承》一书中，存在一个反面例子。[32]他 162
在“亲属（血亲）继承”的序言中提出了亲属的概念［并进行划分］。每个读者都以为亲属概念的划分是亲属继承理论固有的，但事实却并非如此。

（2）概念反过来决定体系，基于错误的概念将会产生错误的解释。但这属于解释理论。例如，胡费兰在《全部实在法阶梯》一书的第 334 页对时效定义如下：时效是指经过一定的时间使得某一项权利归于消灭。[33]由此隐蔽但却直接地形成了一条规则：在法律体系中，存在一种权利消灭方式，即时间的经过（Zeitverlauf）。定义的错误由此转化为法律规则的错误。

这类缺陷与错误很严重，也很常见。赫普夫纳（Höpfner）在其晚年提供了一个值得注意的［反面］例子。他认为：所有权的取得需要正当（合法）名义（titulus）与取得形式（modus acquirendi）。胡果曾经指出其观点的谬误

〔32〕约翰·克里斯托弗·科赫：《市民法上的无遗嘱继承》（第 8 版），1798 年由克里格出版于基森，第 43 页及第 44 页以下。

〔33〕哥特里伯·胡费兰：《全部实在法阶梯——德意志所有现行法的一般概念与定理的体系化百科全书》，1798 年出版于耶拿，第 334 页。

原理）。

例子：

胡费兰在《全部实在法阶梯》一书第334页提出的时效概念。

科赫在《市民法上的无遗嘱继承》一书第43页与第44页以下提出了亲属的概念并对其进行划分。

关于正当名义（titulus）与取得形式（modus acquirendi）的传统概念，尽管胡果已经对其错误予以确切地证明，赫普夫纳依然不能领会。

106 对此，可以利用哪些辅助手段？概念构造过程中的发生学忠实，对于立法中的概念系谱进行考察。词源学（Etymologie）是非常重要的，批判并且摈弃那种鄙陋的划分：把所有的定义划分为名义定义与真实（实质）定义（Nominal — und Realdefinizionen）。

在逻辑上精确地阐述某个定义没有太大的意义。

许布纳（Hübner）的《对赫普夫纳〈评注〉的勘正》。

之处，即任何所有权的取得都需要一个只能始于正当名义的取得行为。然而，赫普夫纳却从未能接受这项批评，因为他过分固守于自己的观念。〔34〕

现在我们可以谈谈在前面（参见边码158）被搁置的那个问题。很多法学家试图完全不顾及历史素材，然而，必须考虑：哪些东西应该被置于体系之中？［那就是］纯粹的观点、先辈的传统。简言之，产生了一种形式主义，一种空洞无物的科学。

为了忠实于立法中的概念的系谱，应当充分利用词源学（Etymologie）这个有效的辅助手段。例如，应当先考察前书（praescriptio）、抗辩（exceptio），而不是直接对诉讼时效（Verjährung）进行一般性的论述。* 许多晚近的法学家败坏了这种方法的名声，他们把所有的定义划分为名义定义与真实（实质）定义（Nominal-und Realdefinizionen），** 并且把第一种定义视为无关

〔34〕萨维尼在此处提到的是赫普夫纳与胡果的论战。路德维希·尤里乌斯·弗里德里希·赫普夫纳：《对海内丘斯〈法学阶梯〉的理论及实践性评注》，1783年第1版，1787年第2版由瓦伦特拉普与韦纳出版于美因河畔法兰克福，第246—247页；古斯塔夫·胡果：《对赫普夫纳的〈关于海内丘斯法学阶梯的理论及实践性评注〉中的一些观念的勘误》，载于《民法杂志》第1卷第2期，1790年由奥古斯特·穆里乌斯出版于柏林，第226—232页。赫普夫纳在其《评注》的第4版（1793年）第293题的脚注1中写道："胡果教授在其《民法杂志》第1卷第226页及以下各页对我的这些观点提出的异议并不能让我信服。"此后，胡果又在《哥廷根学术简讯》（1793年由迪特里希出版于哥廷根）第163页对此作出回应。这场论战以赫普夫纳接受批评而告终，在其《评注》第5版（1795年）的前言中，他写道："在这个版本中，需要对某些理论进行修正……胡果教授在其《民法杂志》中的评论以及他在书信中提出的意见让我受益匪浅，促使我作这样的修正。"最后，参见胡果：《路德维希·尤里乌斯·弗里德里希·赫普夫纳》，载于《民法杂志》第3卷，第5期（1798年），第74—92页。

* 在古罗马法中，诉讼时效起源于裁判官法。市民法上的诉权是无限期的，裁判官法上的诉权受时效的限制（多数为一年）。在程式诉讼时期，诉权的时间限制被载入"为被告利益的前书"（praescriptio pro reo）——前书是程式的附加部分，载于程式的前段，用于声明原告诉讼请求的范围以及被告提出的防御事实——作为被告对抗原告诉权的手段。至共和国末年，"为被告利益的前书"均被改为抗辩（exceptio），关于诉权的时间限制的前书演变为时效抗辩。在晚期罗马法中，诉讼时效成为普适性的制度。对此，详见［意］彼得罗·彭梵得：《罗马法教科书》，黄风译，中国政法大学出版社1992年版，第107页、327页；陈朝壁：《罗马法原理》，法律出版社2006年版，第106—107页。萨维尼认为，要想准确理解诉讼时效（Verjährung）的概念，必须对其演变历程或者说概念的谱系进行考察，即考察它如何从一种前书演变为抗辩，并最终成为统一的诉讼时效制度。

** 名义定义与真实（实质）定义是西方逻辑学传统上的重要划分。真实定义揭示了概念的意义或被定义事物的本质，名义定义决定了词语基于任意的约定而具有的意义，即约定俗成的意义。"真实的"意味着用于一个事物，而"名义的"意味着用于一个词，所有的"属＋种差"式的定义都是真实定义。康德曾经指出，名义定义涉及我们自身对于事物形成的观念，而真实定义涉及物自体。对此，详见尼古拉斯·布宁、余纪元编著：《西方哲学英汉对照辞典》，人民出版社2001年版，第855—856页。

二、法律规范的整合（人们往往误以为只有它才能称为体系）

依据其内在关联阐述法律关系本身的自然亲缘性。对此，最为重要的是深入探究法律规范相互之间的确切关系，把它们理解为相互制约、相互限定的规则。

单纯为了获得对法律的简明化概览而进行的整合不是那么重要（很多人却将其视为唯一的整合方式）。

关于这一点，如同前面（参见边码 105）谈到的法学中的定义以及荷兰法学派的法律解释与考证，不仅仅会因为沉湎于次要工作而忽略了重要工作，而且欠缺后者的支撑还会导致前者变得肤浅。

［参见弗里斯（Fries）的赞扬与声明：《雷因霍德、费希特与谢林》，第 318 页。］

紧要的从而置之不理。不过，这种划分却略显粗糙，因为它以名称与其所指事物之间完全任意的关联性为前提，而这种任意的关联性在极有素养的罗马法中根本就不存在，只有在教会法统治的蛮族时代才存在这样的任意性。人们往往更注重运用语句对概念进行不是很重要的阐释，即下定义。这种阐释固然是不可或缺的，然而其他的论述却远比它重要。

许布纳（Hübner）的《对赫普夫纳〈评注〉的勘正》。[35] 163

二、法律规范的整合（人们往往误以为只有它才能称为体系）

此时尤其需要对法律规范本身的内在关联予以阐述。这种阐述必须绝对忠实。它包括：

（1）界定各种法律相互之间的关系：哪些应当区分，哪些应当结合？例如，物权法与债权法应当区分。

（2）在体系的各个部分应当对规则与例外之间的关系进行精确的阐述，这种关系在法律自身之中被思考并且成为其基础。这项研究任务的难度远远超出了第一项研究任务，但也同样重要。[规则与例外之间的] 关系经常被颠倒过来，由此产生了很多谬误。人们往往更喜欢致力于比较自然、简易的整合，这样的整合固然也是正确的，但立足点太低。在整个法学方法论中，这样的整合虽然不能说是无关紧要的，但那些更为重要的整合需要优先考虑。对后者的忽视催生了一些肤浅的著作。

弗里斯（Fries）的赞扬与声明（《雷因霍德、费希特与谢林》，第

---

〔35〕克里斯蒂安·哥特黑尔夫·许布纳：《罗马法学阶梯的勘正与补充》，该书是对赫普夫纳《对海内丘斯〈法学阶梯〉的理论及实践性评注》一书的补遗，同时也是未来的新《法学阶梯评注》的资料汇编，1801 年由 J.S. 海因修斯出版于莱比锡。

第三节　关于扩张解释与限缩解释

107　以上谈论的形式操作本身对于法学而言都是必要的，只不过在践行过程中［由于失误］扭曲了法体系的现实而已。下面我们谈一谈另一种形式上的操作，人们借此从形式上对法律本身进行补充与修正，那就是“立法理由（ratio legis，法律目的）解释”。人们把法律规则视为结论，而把立法理由视为［三段论］的大前提（Obersaz），并且依据后者扩张或限缩前者的外延。

注意：这样的操作绝非真正意义上的解释（参见边码93）。贝卡里亚（Bekkaria）《犯罪与刑罚》一书第4题中的一句话显然只涉及此种解释——可以把它称为实质解释。这句话是正确的。

如何寻求立法理由？在某些时候（但很少），立法者自己明确表达了立法理由。通常，立法理由是由解释者添加上去的。在后一种情形中，误解更为明显，因为立法理由本身并不是客观的，探寻立法理由的整个操作都取决于偶然因素。参见：蒂堡的《关于罗马法逻辑解释的理论》。在具体实施的过程中，这种弊端更为严重——立法理由可能存在无数的位阶，例如《法典》第4卷第44题第2条

318 页)。[36]

第三节　关于扩张解释与限缩解释

以上谈论的是法体系中的谬误如何经由形式而产生，它产生于一般性的逻辑操作。逻辑（定义）本身虽然是必要的，但却被误用。不过也有一种偶然的、形式上的操作能够给法体系带来谬误，即借助纯粹的形式对法体系予以补充，或者把法体系中多余的东西祛除。这就是关于扩张解释与限缩解释——立法理由（ratio legis，法律目的）解释——理论。

在这方面，应该受到批评的是晚近的法学家，尤其是刑法学家。他们试图通过纯然形式上的处理阐明法律。首先探求立法的特定理由（Grund），然后据此补充并阐明完整的法律。人们把在制定法中被表达出来的规则视为结论，而把立法理由视为［三段论的］大前提（Obersaz），并且依据后者来修正前者：要么扩张其外延，即扩张解释（interpretatio extensiva），要么缩小其外延，即限缩解释（interpretatio restrictiva）。我们只能在此（即体系部分）对其予以探讨，因为这样的操作绝非真正意义上的解释，为了区别于真正意义上的解释，可以把它称为实质解释，因为纯粹的形式解释将会得出完全不同的结论。据此可以理解贝卡里亚（Bekkaria）《犯罪与刑罚》[37]一书第 4 题中 164
的一句话，人们经常把它视为可笑的言论予以驳斥。这段话涉及实质解释，

［36］雅各布·弗里德里希·弗里斯：《雷因霍德、费希特与谢林》，1803 年由 A.L. 雷尼克出版于莱比锡，第 318—322 页（附录 I.，d：实在法学）：“实在法学理论中的教条化表现为，教师普遍在尚未介绍应用实例的情况下就把一般形式或者说规则灌输给学生。教师或多或少地将自己的理论假定为一个封闭的完备的整体，并且向学生传授这个体系化的抽象整体，而不是让学生自己参与个案获取经验。此时，法教义学再次表现出对逻辑形式即逻辑定义与划分的偏爱——前文对此已经作了批评。我已经指出，对于实在法学来说，这些逻辑形式价值不大，因为逻辑定义根本就不适合用于丰富经验对象，在这个方面，说明与描述的效果更好……就划分而论，每一门实在科学应当更为关注其自身的内容，逻辑上的对立（划分）总是游离于所有内容的表面，也就是说，从未深入地把握实在内容的本质。”（第 318 页）

［37］策扎雷·贝卡里亚：《犯罪与刑罚》，霍默尔翻译并注释，1778 年由 J.F. 科恩出版于布雷斯劳，第 20—25 页，第 4 题“关于法律的解释”中的一句话：“法官也无权解释刑法，因为他不是立法者。”（第 20 页）。萨维尼还收藏了一本 1798 年维也纳版的贝卡里亚《犯罪与刑罚》。

（C.4.44.2）。如果立法理由是极其一般性的，那么上述弊端就会变得更为显而易见，比如，关于减轻刑罚的立法理由。每一条刑法规则的立法理由都是“因为这种刑罚与这种犯罪是相适应的”——只是就中等程度的自由而论，这句话才是正确的——确切地说，法律只有用这种刑罚才能震慑这种犯罪。

甚至在立法理由被明确表达出来的情形中，也不应该进行上述操作。立法者并非将其作为一般规则提出来。“那么，其目的何在？”至少有可能是出于这样的目的：指引未来的立法者或教导民众。“由此可以推导出何种必然结论？”
108 弥补立法者的缺陷并非法学家的分内之事。从中不能推导出任何必然的结论，因为这个推论很可能会由于某个中间环节的错误而被推翻。

把对优士丁尼《学说汇纂》第35卷第1题第72条第6段（D.35.1.72.6）的解释运用于上述情形。

比较：《学说汇纂》第28卷第4题第2条（D.28.4.2）。

因为作者强调：［在解释的过程中，］法官从外部把某些东西添加到法律规则之中。只有实质解释才可能存在这样的任意操作。

实质解释的第一步是从法律中的语词与规则上升到立法理由。那么，如何寻求此种理由？在某些法律中，规则本身就包含立法理由，但此种情况很少见，这也符合关于立法的理论。在大多数情况下，立法理由并非表现为规则，而是必须由解释者以模拟的方式去探求、补充。

显然，这种操作充满了任意性，与真正意义上的解释毫不相干。因为法官在这个过程中附加给立法的东西不能借由立法客观化，而且，操作过程的不确定性使得这种弊端更为显而易见，每一条规则的立法理由都存在位阶，有的是更为一般的理由，有的是更为特殊的理由，相应地，立法理由可以不同程度地适用于其他事务。因此，实质解释是相当鄙陋的。立法理由并未借由立法而实现客观化，但立法却必须表达某种客观的东西。在某些情形中，立法理由并不是特定化的，而是一般性的，以至于可以涵盖任何事项。

总之，由于这种操作具有纯粹的偶然性，所以不能将其应用于法律科学。

假如立法者已经［明确地］表达了立法理由，又该如何？

立法者并非将其作为一般规则提出来，也并非出于实践目的，其目的仅仅在于对以它为基础的规则进行说明。因此，我们不应该把立法理由应用于实践。

反对者举出两种立法理由：

其一，立法者纯然出于实践应用目的提出立法理由。但这显然是不正确的，因为立法者提出立法理由很可能是出于其他目的，比如，指引未来的立法者或教导民众。"由此可以推导出何种必然结论？"弥补立法者的缺陷并非法学家的分内之事。

其二，假如立法者曾经思考过这个立法理由，那么，他必定认为该理由对于其他规则的任何可能的适用都合乎其本意。然而，这也不是必然的，因为这个推论可能会由于某个中间环节的错误而被推翻，甚至没有任何人能够 165

为了防止混淆，补充说明如下：

其一，此种操作与真正意义上的解释截然不同，或者说，它不同于通过解释所能发现的东西，因为［罗马的］法律是通过特殊事项表达某一条一般规则的。

举例：《学说汇纂》第 41 卷第 1 题第 27 条头段“所有权取得”；《学说汇纂》第 41 卷第 2 题第 5 条。

解释总是涉及如下问题：就规则所涉及的案例而言，什么是法律规定？只是在实际应用的时候比较困难。前述操作与我们的操作的区别。

其二，法律不可能对某一个案件的整体进行单独规定，任何案件总是被涵摄于某一条抽象规则之下。有时，此种涵摄并非一目了然，但法律却必须对所有的问题作出解答，那么，该当如何？

首先，在民法中，总得有一方当事人享有权利，对此，必须寻找一条能够解决这个案件的规则：既可以从某一条更抽象的规则推导出来，也可以从其他特殊规则中找到它。人们把第二种方法称为类推（Analogie），它也属于对立法的补充，但它是立法的自我补充，而不是从外部把某种东西添加给立法。

对此予以证明。

对优士丁尼《学说汇纂》第 35 卷第 1 题第 72 条第 6 段（D.35.1.72.6）的解释，以及对《学说汇纂》第 28 卷第 4 题第 2 条的解释。

有两点仍须在此予以说明：

其一，正如前面所说的那样，所谓的实质解释绝非真正意义上的解释（参见边码 163—164）。通过纯粹的解释能够从法律的某一个特殊表述中发现一条一般规则，因此，法律无意于把以下这段话作为一般规则表达出来，即《学说汇纂》第 41 卷第 1 题第 27 条头段关于所有权取得的那段话。* 与此不同，《学说汇纂》第 41 卷第 2 题第 5 条[38]中的“要式口约”这个词语表达了一条涉及所有法律行为的一般规则，而不是一条仅仅涉及要式口约的特殊规则，要式口约只不过是其中的一个例子而已。解释可以归结为如下问题：眼前的规则中包含哪些法律规定，未包含哪些法律规定？不过，在某些时候这个问题很难回答，［因为］规则本身是清楚明确的。前述错误操作与我们的解释工作截然不同，由前者可以看出法律的特殊规则得到扩张，而由后者可以看出某一个特殊的语句表达了一条一般规则。

其二，如果立法对案件的某一个环节未作明文规定，那么，什么是合法的？

立法不可能对独一无二的案件进行单独规定，每个案件都必须首先被涵摄于某一条更为抽象的规则之下。假如无法进行这样的涵摄，该如何处理？必须区分民法与刑法。

首先，在民法中，遇到这种情况，法学家显然必须以模拟的方式去寻找能够解决这个案件的规则：要么从某一条完全一般的规则中推导出来，要么

［38］D.41.2.5 出自保罗《告示评注》第 63 卷，涉及占有的取得与丧失，内容如下：“如果我基于一项要式口约（stipulatione）欠你一个名叫斯蒂库斯的奴隶，我尚未将他交付给你，你却以其他方式获得对他的占有，那么，你就是一个强盗。同样，如果我把某物卖给你，但尚未将其交付给你，而你在未经我同意的情况下获得对它的占有，那么，你就不是以买方的身份而是以强盗的身份占有它。”

* 按《新律》127 的规定，如果某人死亡时，既有同父母的兄弟，也有直系尊亲属（ascendens），还有先于他死亡的同父母兄弟的子女，那么，二者都有权继承遗产。《新律》118 规定，死者的直系尊亲属与同父母兄弟属于同一顺序的继承人，发生继承竞合。

例如，依据《新律》118“关于无遗嘱继承（法定继承）人以及取消宗亲继承权”与《新律》127“在有尊亲属的情况下兄弟的子女也能像兄弟那样继承”而发生的兄弟姐妹的子女与尊亲属的继承竞合。此处虽然也可以利用立法理由，但这仅仅出于形式目的：为了更纯正地认识法律规则。

其次，刑法与民法截然不同。在刑法领域，法律可以对某个问题保持沉默。此时该如何处理？不适用刑罚，因为，在实践中，或者说从法官的视角看，可罚性（Strafbarkeit）是偶然的。易言之，以存在相关的法律规定为前提。对此，可参看克雷曼尼的《刑法三卷本》的第1卷第243页。

109 以上论述依据的是一般的方法论原则，那么，在罗马法中，是否与此有所不同？当然不是。与此相关的法源段落主要包括：

（1）《学说汇纂》第1卷第3题第17条（D.1.3.17），例可以在立法中找到一条规定类似案件的特殊规则。从后者中可以抽象出一条更高的规则，并且据此对所面临的未决案件进行裁判。这种方法被称为类推（Analogie），它与我们前面所批判的实质解释非常相似。然而，实质解释是从外部把某种东西添加给法律，而类推则是立法的自我补充。 166

例如，依据《新律》118“关于无遗嘱继承（法定继承）人以及取消宗亲继承权”与《新律》127“在有尊亲属的情况下兄弟的子女也能像兄弟那样继承”而发生的兄弟姐妹的子女与尊亲属的继承竞合。此处虽然也可以利用立法理由，但这仅仅出于形式目的：为了更纯正地认识法律规则。

在这些情形中，大多数法学家往往求助于自然法。据此，他们撇开整个历史去理解关于实在法整体的一般论断。就此而论，这种方法与类推可谓异曲同工。

其次，刑法若对某个问题未作明文规定，该如何处理？在民法中，对于任何一个纠纷，都需要作出有利于某一方当事人的裁断。而刑法实行如下原则：如果法律宣布某种行为是应受惩罚的，那么该行为就是犯罪。从法官的视角看，或者说从实践的角度看，可罚性（Strafbarkeit）是偶然的。如果法律对于某个行为是否具有可罚性未作明文规定，那么，毫无疑问，该行为不属于犯罪，根本就不需要借助于类推予以确定。对此，可参看克雷曼尼的《刑法三卷本》的第 1 卷第 243 页；[39]另见萨吉奥（Sagio）的 sopra princ. della probab。[40]

按照一般的方法论原则，扩张解释与限缩解释理论是不可取的，那么，它在罗马法上能被视为合法、可行的吗？

有人提出了这样的主张，与此相关的主要是《学说汇纂》第 1 卷第 3 题。首先被援引的是《学说汇纂》第 1 卷第 3 题第 17 条（D.1.3.17），该条出自杰尔苏（Celsus）《学说汇纂》第 26 卷，内容是：“掌握法律不仅指理解它的语词，而且还要理解它的力量与效果。”

---

〔39〕阿洛伊·克雷曼尼（Cremani）：《刑法三卷本》，1791—1793 年由伽勒阿蒂出版于帕维亚，第 1 卷，第 243 页。

〔40〕一部不为我所知的著作。

子，英格兰的“三个妻子案”。[4]除此之外，还有《学说汇纂》第1卷第3题第29条与第30条（D.1.3.29; D. 1.3.30）以及《法典》第1卷第14题第5条（C.1.14.5）。

（2）关于类推的法源段落：《学说汇纂》第1卷第3题第10条、第12条与第13条。第13条中的“司法权”与“解释”不同，它涉及真正意义上的更改立法，也就是所谓的“立法理由解释”。属于此类的规则还有《学说汇纂》第1卷第3题第32条头段（D.1.3.32, pr.）。

对于类推，只能这么理解：既存的法律规则在性质上并非纯粹的特殊规则，易言之，其适用范围并未受到严格限定，而是旨在表达一条更为一般的规则。

参见《学说汇纂》第1卷第3题第14条。

（3）在上述所有的段落中都找不到关于扩张解释与限缩解释方法的语句。就此而论，从实践运用的视角看，《学说汇纂》第1卷第3题第20条与第21条不应该受到责难。

比较：蒂堡《关于罗马法逻辑解释的理论》第33页。

---

〔4〕策扎雷·贝卡里亚：《犯罪与刑罚》，霍默尔翻译并注释，1778年由J.F.科恩出版于布雷斯劳，在该书第44页的一个注释中，霍默尔提到“三个妻子案”：按照法律规定，同时拥有两个妻子的人将被驱逐出境，被告被指控拥有两个妻子，但他辩称，他拥有三个妻子而不是两个妻子，如果依据贝卡里亚的［方法论］规则处理，被告将被宣告无罪，因为法律条款的文字只提到“两个妻子”，没提到“三个妻子”。

此处所谓的“理解语词”绝不意味着遵循法律的直接表述，而是指拘泥于字母，比如英格兰著名的“三个妻子案”。我们应当去寻求真正由规则表达出来的东西。这条规范为我们在前面（参见边码 164）所谈论的那种操作提供了理由。

与此类似的还有《学说汇纂》第 1 卷第 3 题第 29 条与第 30 条（D.1.3.29; D. 1.3.30）以及《法典》第 1 卷第 14 题第 5 条（C.1.14.5）。*

比较费解的是《学说汇纂》第 1 卷第 3 题第 10 条、第 12 条与第 13 条。 167
第 10 条出自尤里安《学说汇纂》第 59 卷，内容是：“无论是法律（legibus）还是元老院决议的条款都不可能涵盖任何时候可能发生的所有案件，只要它能涵盖那些经常发生的案件就足矣。”第 12 条出自同一著作的第 15 卷，内容是：“法律与元老院决议不可能包含法的所有部分，但如果法的意义在某一个案件中被阐明，裁判官可以将其适用于与之相似的案件并据此宣布法律。”第 13 条出自乌尔比安《论贵族营造司告示》第 1 卷，内容是：“诚如佩迪乌斯所言，只要法律采用了某个规范，就给我们提供了很好的机会借助于解释或司法权将其扩张适用于类似的法律问题。”

上述所有的规则都假定：存在一个制定法的规则没有明确规定的案件，必须依据从类似案件的判决中构造出来的更抽象的一般规则予以裁判。显然，这里只涉及类推方法——它是合法的，因为它是必要的，不涉及对法律的更改。

对法律进行完善固然是可能的，但这属于立法者的职权而不是法官的职权。所谓“掌握司法权的人”（Is qui jurisdictioni praeest）是指能够制定规则的古罗马裁判官（praetor），** 而不是现代的法官（Richter）。《学说汇纂》第 1 卷第 3 题第 13 条本身就区分了法律解释与司法权。

---

* D.1.3.29 出自保罗《论琴其亚法》，其内容是：做法律禁止的事情属于违法，如果某个没有违反法律条款所用的语词但却规避法律的本意，那么，他就是在欺骗法律。D.1.3.30 出自乌尔比安《论告示》第 4 卷，其内容是：做法律不希望其发生但却没有明确禁止的事情属于欺骗法律；欺骗法律与违法的区别就是言辞与思想的区别。

** 古罗马裁判官（praetor）在相当长的一段时期里拥有造法权，对于法无明文规定的事项能够依据诚实信用原则或公平正义理念创造出新的规则并且以《告示》的形式公之于众。

110 举例说明：

第一个例子：《法典》第4卷第44题第2条（C. 4.44.2）。

立法的一般理由：任何人都不得通过契约获得不正当的利益。人们由此推导出如下结论：这项规定可以适用于所有负担债务的行为（例如租赁、买卖）。然而，上述原则的适用受到另一条更为重要的原则——契约神圣原则——的阻却，只有在例外的情况下才能适用该原则。这种例外情况只存在于买卖关系中，卖方经常出于经济上的窘迫而订约，而在其他类型的［法律］行为中不存在这样的情况。

这意味着什么？上述立法的一般理由（在一定程度上

属于此类的规则还有《学说汇纂》第1卷第3题第32条头段（D.1.3.32, pr.），该段出自尤里安的《学说汇纂》，内容是："如果法律对某个案件没有明文规定，应当遵循由习俗确定的规范；如果其中欠缺某些内容，应当适用与之最为相近、具有最密切逻辑关联的［习俗］规范。"

这个段落中的第二句话与类推无关。《学说汇纂》第1卷第3题第14条可资证明，其内容是："虽然违反法律规则的事情已经被人们接受，但不应该将其推广于随后发生的事情。"［由此可见，］法律规则的例外属于特殊情况，不能通过类推将其进一步适用于类似的案件。

据此，在上述所有的段落中都找不到有利于我们正在批判的扩张解释与限缩解释方法的证据，反倒是有一些段落明确反对这种方法。

《学说汇纂》第1卷第3题第20条（出自尤里安《学说汇纂》第55卷）说："我们不可能揭示先辈们所制定的法律的理由。"第21条（内拉蒂的观点）："因此，没必要去探求既存法律的立法理由，否则，很多基于同一理由的并且已经被我们接受的规则都将被推翻。"

人们都觉得这两个段落是微不足道的，然而，将其运用于实践可以直接 168
得出如下结论：不应该把对立法理由的探究运用于实践。

我们可以举一些例子予以说明。

第一个例子：《法典》第4卷第44题第2条（C. 4.44.2）。[41]在一份买卖契约中，如果约定的价款明显低于真实的价格，那么该契约应属无效契约，或者买方应当继续支付价款的差额。皇帝以公平作为这项规定的一般理由。人们由此推导出如下结论：这项规定可以适用于所有负担债务的行为（Geschäfte），尤其是买卖、租赁。这种方法属于扩张解释，不属于类推，因为从中产生了一条可适用于其他案件的一般规则，《法典》第4卷第44题第2条的适用范围得到扩展，租赁契约等被纳入其中。上面提到的公平原则与另一条更为重要的原则——契约神圣原则——相对立，后者阻却前者的适用，

［41］该条敕令的标题是"戴克里先与马克西米安皇帝致卢普斯"，内容是："如果你或你的父亲低价出售某物，你把价款返还给买方，为公道起见，你可以通过诉讼追回该物，或者，如果买方愿意返还，你有权受领，因为买卖欠缺公平的价格。所谓的低价是指尚未达到标的物真实价格一半的价格。"

可称为“人道”）受到其他理由的阻却，不能适用于其他类型的案件。

与类推的区别：就租赁之类的案件而言，根本就不缺乏相应的法律规定。

第二个例子：《卡洛林那刑法典》（Constitutio criminalis Carolina）第159条（参见《日记》第2卷第31页）。

对于这个条文的传统解释：就破门入室行窃与爬入他人屋中行窃而言，“危险性”是指对人身构成威胁，只有
111 在专门地证明盗窃行为存在这样的危险性之后（格罗尔曼《刑法文库》第1卷第67页），〔5〕或者行为人携带凶器时，才能对其加重处罚。这属于真正的限缩解释。

费尔巴哈（Feuerbach）在《刑法教科书》第373题中，把“危险性”[错误地]理解为对于国家的危险性——这是一种更大程度上的危险性。不过他对该条文的解释结论是正确的。

虽然没有进行限缩解释，这样的理论也令人不敢恭维。即便立法者考虑过这样的危险性（有些人把危险性理解为危及所有权）并且错误地将其作为一般前提，法官也无须

〔5〕卡尔·冯·格罗尔曼：《对具备危险性的盗窃施以重罚的理由——关于卡尔五世刑法典第159条的正确解释》，载于格罗尔曼主编：《刑法文库》，第1卷，1799年由新学术书店出版，第44—69页。在第67页，格罗尔曼写道：“读者可以看出，按照我对该条文的解释，如果谁把破门入室、爬入他人屋中、携带凶器直截了当、无条件地认定为具备危险性的盗窃行为方式，那么他的见解就是错误的。只存在一种具备危险性的盗窃，那就是，以如下方式实施盗窃：人们可以推断出，窃贼为了保全自身以及赃物，将会急切地以所有可能的方式运用武力对付目击者。”

除非存在特殊的理由。这种特殊理由通常存在于买卖关系中，在很多情形中卖方急于获得一笔金钱被迫出售某物，但该买卖契约并非基于诈欺（dolus）而订立。此种经济上的窘迫性在其他类型的法律行为（Rechtsgeschäften）中是不可想象的。由是观之，上述法律规则十分明确，它只适用于买卖。

第二个例子：《卡洛林那刑法典》（Constitutio criminalis Carolina）第 159 条。[42]这项法律涉及盗窃的认定与惩罚。在某些情形中，盗窃行为应当加重惩罚，包括：（1）破门入室行窃；（2）爬入他人屋中行窃；（3）携带凶器行窃。但立法者对此附加了一个立法理由：因为在这些情形中盗窃具有危险性。

对于这个条文，大多数法学家进行限缩解释。他们把立法理由当作可以运用于实践的规则，据此，在上述情形中，盗窃行为必须具备危险性才能适用《卡洛林那刑法典》第 159 条予以加重处罚。他们声称，立法者明确规定 169
以盗窃行为危及他人的生命或健康作为立法理由。易言之，只有在证明盗窃行为存在危险性之后，才能对其加重处罚。

最为晚近的解释者费尔巴哈（Feuerbach）在《刑法教科书》第 325 题中[43]虽然提出了一个正确的结论，但他却对立法理由作出错误的解释，把“危险性”解释为危及国家并且把这种自己的观点强加给《卡洛林那刑法典》的立法者。

显然，上述三种情形都可适用刑罚。立法者附加上述立法理由很可能是出于错误，因为他本来能够考虑到，并不是在每一种情形中盗窃都存在此种危险性——而法官无权消除这个错误——但我们甚至连这个错误也无需假定，因为此种类型的盗窃在绝大多数情况下都对人身构成威胁。基于这个原因，

〔42〕该条的内容是：“更具危险性的盗窃，即爬入他人屋中或破门而入的盗窃，应当处以更严厉的刑罚。”

〔43〕保罗·约翰·安塞尔姆·冯·费尔巴哈：《德国普通刑法教科书》（Lehrbuch des gemeinen in Deutschland geltenden Peinlichen Rechts），1801 年由格奥尔格·弗里德里希·海耶出版于基森。该书第 373 题是“具有危险性的盗窃”，其中第 294—295 页写道：“它是指这种盗窃：盗窃行为的方式本身要么表现出一种特殊的具有危险性的违法意志，要么导致对他人造成身体伤害的危险。可以区分为两种情形：1. 客观危险性，即盗窃行为的方式让人担心会伤害他人的身体；2. 主观危险性，即从盗窃行为的方式可以知悉行为人具有一种特殊的危险的违法意志。”

对其进行修改。然而，不考虑此种错误也可以进行解释，这样，上述立法理由依然构成一般规则，前提是立法者确实把危险性看作是最为普遍存在的并且借助于一般规定防止法官任意地进行限制——依照格罗尔曼的观点，这样的限制对于一项法律而言是不可避免的。

注意，评论：上述被普遍采纳的关于危险性的解释是建立在一个可笑的误解的基础之上的。对照《卡洛林那刑法典》第 146 与第 88 条。

第三个例子：《卡洛林那刑法典》第 178 条。

该条规则的立法理由是什么？显然，如同所有其他刑法规范，其立法理由是预防犯罪，这意味着什么？只有那

112 些本身包含违法性的行为才适用刑罚？绝非如此，因为犯罪的可罚性间接地导致单纯的犯罪预备的可罚性。

第四个例子：《里波尼安元老院决议》(Senatusconsultum Libonianum)。*

立法理由：预防作假；然而，在个案中，适用这个法律时却无须考虑作假之情节。

---

* 该元老院决议发布于公元 16 年，规定：在根据遗嘱人的委托制作遗嘱的情况下，如果受托人最后成为遗赠的受益人，将被判定犯有作假罪，除非遗嘱人亲自以明确的方式确认有关的遗赠行为。对此，参见黄风编著：《罗马法词典》，法律出版社 2002 年版，第 226 页。

立法者以完全一般性的方式规定上述规则，其目的在于排除法官的一切任意性，因为他担心法官在适用规则的过程中会更改规则。

然而，上述所有的假定都是不必要的，整个解释都建立在一个误解的基础之上。因为这个条文中所谓的危险性与该法典的其他段落（第 40 条、第 88 条）一样，指的是蓄意的（vorsäzlich）、故意的（absichtlich）。如同人们进行相反的表述：无危险的，指的是“非故意的”“非蓄意的”。上述三种情形中的盗窃表现出一种特殊的恶意（dolus），必须加重处罚。

第三个例子：《卡洛林那刑法典》第 178 条。[44]

无论如何都不应指责这项立法存在缺陷。

对犯罪施加刑罚的一般理由在于：对刑罚的恐惧将会阻却违法行为的发生。按照这个条文的规定，刑罚也适用于那些仅仅属于违法行为的开始阶段的行为，即犯罪预备（Konat）。

如何从刑罚的一般理由——即预防违法行为——推导出单纯的预备也应受到惩罚的结论?

在某些案件中，包含预备在内的行为本身就构成犯罪；而在另一些案件中，只有单纯的预备，没有其他可构成犯罪的行为。学者们认为，刑罚的一般理由只适用于第一种案件，不适用于第二种案件。因此，只有第一种案件中预备才应当适用刑罚。[他们认为] 应当对这个条文进行限缩解释，因为它所涵盖的那些案件并非都契合于刑罚的一般理由。

即便法律规则（即“刑罚也适用于第二种案件中的预备”）被证明确实 170
存在矛盾之处，法官也不应该进行限缩解释，这纯属立法者的职权。然而，甚至连这个假定的矛盾也不存在。我们只需指出，单纯出于预防违法行为的目的，就可以对那些本身尚不属于违法行为的行为施加刑罚。之所以说犯罪

〔44〕参见 H. 策普夫（Zoepfl）编：《卡尔五世大帝的刑事司法制度》，1883 年出版于莱比锡——海德堡。

对晚近的学者进行批判。注意，存在两条错误的准则。第一条就是我们在上面所谈论的准则——必须对其进行一般性地观察，将其统称为“借助于形式对法学予以完善”。

尤其是晚近的刑法学家，他们之间的争论根本就不是因为方法上的差异，在方法上，他们是一致的，都遵循上述准则。

蒂特曼（Tittman）在《刑法科学》一书第149题清楚地表明了这一立场。

113 费尔巴哈《德国普通刑法教科书》第73题也体现了这条准则。该书“哲学部分”的标题与概念体现了第二条错误的准则。

预备本身包含违法性，理由在于：就犯罪预备而言，需要关注的绝不是其中包含的行为，而是［主观］心态因素。存在这样的案件，犯罪极有可能发生，即便科以重刑也不能阻止罪犯实施犯罪，然而，在此种情形中犯罪却大有可能得以避免。如果已经为单纯的犯罪预备设置刑罚，就很容易防范犯罪于未然，对犯罪预备进行威慑将会间接地有利于预防犯罪，由此也可以间接地实现刑法的一般目的。

把对扩张解释与限缩解释的一般批判运用于对某些刑法论著的批判。

我们可以把前面所批判的方法统称为“借助于形式对法学予以完善”。批判的对象多为晚近的刑法学家，因为刑法在很多方面被重新修订。争论如此激烈，以至于人们似乎觉得存在两个派别，但事实却并非如此，所有的学者都坚持这条准则：从形式上完善法律。只不过在具体运用上有所区别而已。很多人还把这条准则与“事物的性质”（Natur der Sache）——有些人称之为自然法——联系起来。即便在这方面不存在误解，仍有值得批判之处，前面关于法的历史性研究的批判（参见边码 157—158）同样也适用于此，易言之，人们并不是对各个具体法源本身进行研究，然后再整合由此得出的结论，而是把这些法源（实在法与自然法）简单地掺和在一起。

这条准则是普遍性的，甚至那些相互对立的刑法学体系中都将其奉为圭臬。

譬如，莱比锡大学教授蒂特曼（Tittman）在《刑法科学》一书第 149 题特别援引了“事物的性质”。[45]

在刑法学领域，费尔巴哈是主要作者，一方面是因为他凭借极其渊博的学识对这门科学有着全面的研究，另一方面是因为他全然不受制于前人的观点构建新的规范。然而，在他身上也能看到上述缺陷。这一点在其《德国 171

［45］卡尔·奥古斯特·蒂特曼：《刑法科学与德意志刑事法律学基础》（Grundlinien der Strafrechtswissenschaft und der deutschen Strafgesetzkunde），1800 年由弗莱舍出版于莱比锡，被用作教材。在该书第 149 题（第 113 页）的注释中，作者写道：“刑法科学与刑事法律学的研究者不仅仅要扮演一个法律学者（Gesetzgelehrten）的角色（固守于法律，在法律保持沉默的情形中也必须保持沉默），而且还要扮演一个法学者（Rechtsgelehrten）的角色，这意味着他不必受制于法律的沉默，相反，他可以按照事物的性质的要求发表见解。”

克莱因施罗德（Kleinschrod）的《刑法的体系化阐述》，该书的前言很幼稚，第二部分的第117—119题关于扩张解释与限缩解释的原则混乱不堪。

韦伯（Weber）也曾犯过此种方法上的错误，但他的著作还算得上是深刻的研究，具有较高的价值。

第四节　哲学对法学的影响

所有的体系都通达于哲学。哲学如何影响法学？

在很早以前，哲学就已经开始影响法学，但通常只影响法的形式，比如，劳特巴赫（Lauterbach）对于《潘得克吞》各题皆援引动力因与作用因（causa impulsiva und efficiens）理论。[6]这种方式的法学研究取得的成果往往很

〔6〕沃尔夫冈·亚当·劳特巴赫：《法学纲要》，1679年由科塔出版于蒂宾根与法兰克福。

普通刑法教科书》第 73 题表现得尤为明显。在此处，费尔巴哈针对性犯罪（fleischlichen Verbrechen）的 5 年［追诉］时效提出了一个例外规则，其适用的条件是此种性犯罪伴随着人身伤害（persönliche Verlezzung）。[46]按照《关于通奸罪的尤利法》（Lex Julia de adulteriis）之规定，该法所涉及的犯罪一律适用 5 年时效（D.48.5.30.6）。其他犯罪都适用 20 年时效，包括强奸，因为它包含暴力因素。这个论断是纯粹历史性、偶然性的，所以是不可取的。费尔巴哈通过提出人身伤害的例外规则表达了这个观点。立法由此丧失了所有的历史品性。同样引人注目的是该书中的一个标题，即“总论或哲学部分”，很多根本算不上哲学性原理的东西被置于其中，比如时效。[47]

这种缺陷在克莱因施罗德（Kleinschrod）的《刑法的体系化阐述》[48]一书中表现得更为明显，尤其是该书关于扩张解释与限缩解释的论述。在具体操作的过程中充满谬误而且缺少钻研。

韦伯（Weber）也曾犯过此种方法上的错误。[49]

第四节　哲学对法学的影响

所有的体系都通达于哲学。对纯历史性体系的阐述将会通达于某种统一

〔46〕费尔巴哈在《德国普通刑法教科书》第 73 题的第 56—57 页写道：“时效（Präscription）要求一段法定期间的经过，这个期间一般是 20 年（D.48.17.3）。然而，以违法满足性欲的方式犯下的罪行如果没有伴随着人身伤害，时效期间为 5 年（D.48.5.30.6）。据此，强奸罪只能适用 20 年的时效。乱伦罪虽然通常适用 5 年时效，但如果乱伦伴随着通奸，那么须适用 20 年的普通时效（D.48.5.39.5）。”

〔47〕保罗·约翰内斯·安塞尔姆·冯·费尔巴哈：《德国普通刑法教科书》第 XIII—XVI 页：体系概览，第 1 卷“刑法的哲学部分”。

〔48〕加鲁斯·阿洛伊斯·克莱因施罗德：《刑法基本概念与基本原理的体系化阐述——以“事物的性质”与实在立法为依据》（Systematische Entwickelung der Grundbegriffe und Grundwahrheiten des peinlichen Rechts nach der Natur der Sache und der positiven Gesetzgebung），1794—1797 年由 J.J. 帕尔姆出版于埃尔朗根。该书包括 3 卷，其中第 117—119 题为“法官的扩张与限缩解释”（第 270—275 页）。

〔49〕阿道夫·迪特里希·韦伯：《论侮辱与诽书》，第 2 版，1797—1800 年由伯德纳舍恩书店出版。

快就被淡忘并遭到鄙视，经常是被那些除此之外在其他方面取得显著成就的法学家鄙视。为何？其原因有二：

首先，真正的中等水平的成就出自历史性研究，而不是哲学性研究。

其次，伟大的天才被充分培养成优秀的历史性研究者，对古文物的兴趣与知识成为他们的学术动力（自 16 世纪以来），而在哲学性研究方面却并非如此。

雨果·格劳秀斯（Grotius）的著作（《战争与和平法》）——其写作的初衷。后来，自然法成为一门独立的科
114 学。无视罗马法，把自然法视为与罗马法类似的实践性规范体系。哲学式的自然法研究与法学式的自然法研究。两种研究的基本观念是一致的，哲学式的自然法更为空洞贫乏，法学式的自然法更具任意性与实在性。

费希特，他的著作越来越远离上述错误观念（《纠正公众关于法国大革命的评价》—《自然法权基础》—《商业国》），倾向于与政治的深层次的必要的联系，尽管他自己并未明

性、某种理念，这种统一性与理念构成体系化阐述的基础，这就是哲学。

在很早以前，哲学就已经开始影响法学，但大多数只影响法的形式。比如劳特巴赫（Lauterbach）对于《潘得克吞》各题皆援引动力因与作用因（causa impulsiva und efficiens）理论。所有以这种方式对法学进行哲学性研究的努力不久之后就被淡忘并遭到嘲笑，而历史性研究则受到重视。其原因在于，人们在法学界看到很多中等水平的学者，他们是因为从事历史性研究而不是哲学性研究从而被视为中等水平的学者。在那个人们全都热衷于古文物 172 的时代，那些不属于中等水平的学者所取得的哲学性研究成果并未得到应有的认可。

后来，这种情况彻底改变，在哲学开始成为一门完全独立学科的时代，情况必然会发生变化。雨果·格劳秀斯（Grotius）的著作（《战争与和平法》）[50]本来应该属于历史性的伦理学，他并不想将其与自然法分离，但他的名望却导致这种分离。很多学者现在只研究自然法以及关于自然法的大学讲义。存在两种类型的自然法研究者（主要依据学科划分）：法学式的自然法研究者与哲学式的自然法研究者。二者的基本观念是一致的，只不过具体进路有所不同而已。法学式的自然法只不过是以比较抽象的方式提出罗马法原理并且认为是借助于哲学发现这些原理的。哲学式自然法走的是另外一条路径。人们把自然法视为实在法规范的辅助性法源。这种观念构成整个自然法的基础。相比较而言，法学式的自然法更加关注历史文本，而哲学式的自然法更为空洞贫乏。

格罗斯（Gros）的《哲学法学或自然法学教科书》就属于这种类型的法学著作，他居然把裁判官法上的所有权（prätorische Eigenthum）纳入自然法。[51]

费希特（Fichte）率先对此进行卓有成效的改进。他的著作并不是对那些固有的实践性规范的汇总，而是致力于对立法观点即法学进行根本性的哲

〔50〕雨果·格劳秀斯：《战争与和平法》（De jure belli ac pacis libri tres），1625 年出版于巴黎；1680 年再版于阿姆斯特丹；1735 年第 3 版；1758—1759 年第 4 版。

〔51〕卡尔·海因里希·冯·格罗斯：《哲学法学或自然法教科书》（Lehrbuch der philosophischen Rechtswissenschaft oder des Naturrechts），1802 年出版于蒂宾根。

确地表达这种想法。

最近的情况，法学显然误入歧途。《法律科学杂志》不乏思想性，但却给人留下不好的印象，人们觉得其中所包含的理论并非根源于［作者］独特的本性，而是时代的产物。歌德在《威廉·梅斯特的学术生涯》第 3 卷第 81 页对这些论著的评价。

该如何研究自然法？目前流行的观点：作为法学的基础知识，自然法是必需的。恰恰相反，这种意义上的自然法绝对不是必需的，学者可以自由选择是否研究自然法。按照目前的方式研究自然法，只花费短短的半年时间，仅仅将其作为实在法学的序言，这样的自然法是可有可无的，因为它根本不能取得任何真正的成果。

学探究。他的视点逐步升高。第一部著作《纠正公众关于法国大革命的评价》是匿名出版的（1793 年），在 1796 年的《自然法权基础》一书中，实践性规范已经极为少见，1800 年出版的最新著作《封闭性的商业国》全部采用政治学视角。[52] 173

费希特的这些著作表明，对于哲学性的法学研究来说，与政治相联系是何等必要。很显然，费希特自己并未明确地表达这种观点，他的著作中包含了大量的政治性论述，而他自己似乎并未意识到这一点。

自费希特以降，哲学性的法学研究并不多见。在此期间，人们期望那些与以往著作完全不同的新的研究成果能够带来新的观念。因此，最近在法兰克福出版了一本名为《法律科学杂志》的期刊，[53]毫无疑问，其中包含了对于费希特自然法学最出色的评论。尽管这些论著富有思想性，但其中却有一些理论给人留下不好的印象，人们本以为经常能听到卓而不凡的言论，但人们却发现它们是时代的产物，而不是根源于［作者］独特的本性。歌德曾经对这些论著作出一个完美的、不朽的评价。[54]

关于自然法研究，目前流行的观点认为应当把它作为基础知识置于实在法学研究之前。然而，仅仅把哲学视为历史科学的基础知识显然贬低了哲学。对于法学家来说，这种意义上的哲学绝对不是必需的。即便没有自然法，法学研究也会同样出色。事实上，在人们根本就不研究哲学——或者至少可以说他们所研究的东西现在已不再被看作哲学——的时代，法学照样也能繁荣昌盛。除非被迫去研究哲学，否则人们是不会从事这种研究的，它需要的不是短短的半年时间，而是毕生的精力。 174

〔52〕参见约翰·哥特里伯·费希特：《纠正公众关于法国大革命的评价》，第一部分，1793 年匿名发表于柏林；费希特：《以科学理论的原则为依据的自然法权基础》（Grundlage des Naturrechts nach Principien der Wissenschaftslehre），1796 年由 C.E. 加布勒出版于耶拿——莱比锡；费希特：《封闭性的商业国——作为法律理论之附录的一篇哲学草稿以及关于未来政治的构想》，1800 年由 J.C. 科塔出版于蒂宾根。

〔53〕卡尔·克里斯蒂安·柯勒曼与约瑟夫·弗朗茨·默利托主编：《法律科学杂志》（内标题是《依据形而上原则的未来法律科学杂志》），第 1 卷第 1 期，1802 年由 B. 科纳出版于美因河畔法兰克福。

〔54〕约翰·沃尔夫冈·歌德：《威廉·梅斯特的学术生涯》，1799 年由温格尔出版于柏林。该书第 3 卷第 81 页写道：“可是在演员中，我尚未发现比这更狂妄的：一个连字母都认不全的人居然去探究思想。”

第二部分　法学的文献性研究

115

第一章　阅读的原则

初学者阅读一本书（尤其是一本新书）中的某一部分内容时，往往会产生双重的郁闷感。为此，有必要提出一些阅读原则，其中大部分也可以适用于法学以外的其他学科。

阅读的原则：批判地阅读；历史地阅读。

第一节　批判地阅读

什么是阅读？什么是一本书？此处所谓的书专指一部学术著作，易言之，关于我们自己目前打算研究的问题的前人的尝试，因此，法源本身不能算是这种意义上的书。

批判地阅读是指在阅读的过程中把著作本身与其所要实现的理想进行比较。易言之，探究：这部著作的目标何

第二部分　法学的文献性研究

第一章　阅读的规则

究竟应该如何把对法学书籍的研究成果应用于一般性的法学研究？当人们就某方面的内容阅读一本或几本书时，总会感觉这些书超出了他们自身的知识，他们不知道哪一本书更值得一读。同样，当人们面对一本新书时，也无法断定它究竟是否比以往所有的书都更好。为此，有必要提出如下规则：（1）批判地阅读；（2）历史地阅读。

第一节　批判地阅读

这里所谓的阅读是指人们对于某一个作为其研究对象的素材，通过了解以往的研究成果，拓展自己的思想。批判地阅读是指在阅读的过程中对阅读的对象进行评判。评判一部著作是指考察它是如何实现其理想的。为此，我们必须探究：（1）这部著作的目标是什么？（2）为了实现这个目标，作者做了些什么？

人们在阅读的时候很少有意识地去探究书籍的写作目标，这个目标一般在——只有在阅读的过程中才能知悉其目标；为了实现这个目标，这部著作都做了些什么。

注意：这种批判性的阅读方法既适用于阅读名著，也适用于阅读一部糟糕的著作，对于前者的批判是充满敬意的，而对于后者的批判则是满怀鄙夷的。

辅助手段：

（1）我们自身必须尝试探究某些东西，研习某一个法律素材，哪怕是一个很小的片段。因为，关于别人成果中的法律规范的诠释终究比不上自己的成果。

（2）我们需要阅读一些名著，以便获得一个正确的评判基准。

（3）（详尽地）我们必须尽可能把注意力集中于正在阅读的著作。对阅读素材进行摘选，这是非常有效的手段，同时需要把自己对于这些素材的评判记录下来，这是很重要的。

第二节　历史地阅读

完全不进行阅读是有可能的，以此种方式甚至也可能产生优秀的研究成果，尽管在现实生活中几乎没有人曾经这么做过。然而，一旦我们阅读某些资料，就必须历史地阅读所有与之相关的东西——尽管不可能对任何东西都进是通过阅读本身而被认知的。

这种批判性的阅读方法普遍适用于所有的阅读。一个初学者也能对一部名著进行批判性的阅读，这看起来似乎是一个悖论。然而，如果我们把正确的观念（即与著作的理想相比较）与批判联系起来，这种悖论就不存在了。对于名著的批判是充满敬意的，而对于一部糟糕作品的批判则是满怀鄙夷的。

1. 一般性的准备

（1）我们自身需要在科学的某一领域尽其所能地研究某些东西，这是十分必要而且非常重要的，因为关于别人著作的诠释终究比不上关于自己研究成果的诠释。

（2）我们需要阅读名著。阅读量的多少并不重要，重要的是熟读那些经典名著并练习对其进行评判。

2. 在阅读某一部著作时，我们必须尽可能把注意力集中于这部作为评判对象的著作，这是至关重要的。素材越宽泛，阅读的难度就越大。对此，有一个非常有效的方法，那就是从一开始就对阅读素材进行摘选，越简短越好，同时，需要把对于这些素材的评判记录下来。 175

第二节　历史地阅读

不借助于任何阅读而直接研究法源是有可能的。然而，一旦我们进行阅读就必须历史地阅读，易言之，在与整体的关联中进行阅读。为此，我们必须广泛地阅读，至少应当了解所有的著作。

每一部著作都处于双重序列之中：一方面，它处于共时性的序列之中，是整体的一个部分；另一方面，它处于历时性的序列之中。易言之，它处于行［真正的］阅读，但至少应该全面地了解它们。否则，阅读的效果必定很差。

每一个作者都被他生活于其中的那个时代所限定（共时性），此外，他也被以往的时代所限定（历时性），易言之，他是整体的一个部分，只有把他置于这个整体之中，才能完全地理解他——借此也可以在研究过程中排除所有的偶然性，并且有可能获得一个完满的评判。

因此，应当立即把完整的文献性研究作为目标。“难度是不是太大了？”根本就不困难。最完整的计划必定也是最容易的。当然，人们往往没有花时间完全地执行计划，例如，对于某个素材，存在两种可能的文献性研究方式，投入精力较少的那种方式占有优势，完整的文献知识几乎只能在大学期间获得，在此后几乎不可能获得这样的知识。
116 通过与普通文献史相结合，这样的计划获得了自由性。

结论：批判地阅读意味着我们把某一本书和它的理想的目标整体联系起来进行观察，历史地阅读意味着我们把某一本书和它的历史整体联系起来进行观察，这表明，我们必须把方法论与文献史结合起来。

时间的脉络关联之中，每一个作者都被以往的时代限定。如果我们在这样的双重关系中理解作者，那么我们就是在历史地阅读。

只有在纵览全部文献的基础上才能够对某个作者进行研究，也才可能进行批判性的阅读。同时，由此才能排除对众多著作进行评价时的偶然性。难道就没有更好的方法？要求阅读所有的文献看起来似乎很困难，然而，最完整的计划必定也是最容易的，其中的缺陷会被有效地克服。人们只不过没有为计划的实施留出特定的时间而已，他们只是相对地执行计划。由此可见，实现计划并不算太困难。通过这种方式，文献性研究与文献史紧密地结合在一起，这恰恰体现了上述计划的正确性。

在这里，一般性的文献概览再次成为主要辅助手段，并且要力图对各个部分进行阐释。

上述两条法则——批判地阅读与历史地阅读——存在密切的关联。依据第一条法则，某一本书被视为某一个理想整体的一部分；依据第二条法则，它被视为某一个现实整体的一部分。这表明，应该把方法论研究与文献史研究相结合。

第三节　把上述原则具体运用于文献性研究

在这方面，至关重要的是把那些主要成果与全部文献联系起来，在此基础上对其进行清晰明辨的观察，这样就满足了我们在上面提到的文献完整性之要求。当然，我们在以下只是相对地满足这个要求。经过这样的考察，对于今后的学习素材，我们不会再感到完全陌生，不会将其看作全新的东西。

需要文献指南，以便掌握素材——仅限于职业作家的论著。

第二章　法学对文献的需要

第一节　法学研究史

主要规则：注重法学内在的继承性，尽可能地避免革命。举例：注释法学派与人文主义法学派。

此外，探寻特定时代的人在从事法学研究时持何种观点（历史理想）。因此，需要了解时代的［整体］观念以及学者的个人观念，二者都属于法律科学史。

人们在这个领域取得了哪些成果？

第二章　上述规则运用于法学研究的各个部分

对法学文献进行完全列举是不可能的，一方面是因为法学文献数量太多，另一方面是因为需要同时在民法学与刑法学这两个领域进行这样的列举。我们必须尝试尽快完成文献指南与文献记录（Notizen）。整个法学文献史可以分为两个部分：其一，[法律]科学研究的历史；其二，此种研究取得的成 176
果，即书籍知识（Bücherkenntnis）。

第一节　法学研究史

需要遵循以下两条法则：

1. 注重法学内在的继承性并且尽可能地避免革命。任何时代的法学总是与前一个时代的法学存在内在关联。这一点是极为重要的，但在法学界却普遍被忽视，人们总认为存在一个与以往时代毫无关联的全新时代。譬如，人们以为在人文主义法学时期诞生了一种全新的法学研究。这种观点却是完全错误的。以往所有的东西都流传下来，只不过增加了一种崭新的知识类型而已。我们只要读一读阿尔恰托（Alziat）、扎西乌斯（Zasius）等早期人文主义法学家的著作就可以清楚地发现这个现象。绝不能进行彻底的革命。

2. 对于每一个历史时期，需要探寻那个时代的人在从事法学研究时持何种观点：（1）人们当时一般把什么作为理想或研究任务？（2）各个学者为了实现这个任务做了什么？

（片面地）区分狭义的法学文献史与法学传记，这显然是一种观念误区。

一、法学文献史

迄今为止，几乎什么都没做，甚至连片段性的法学文献史著作都少得可怜。

这类著作往往只描述法学书籍的一般特征。

霍默尔（Hommel）的《法学文献》，一部所谓“才华横溢”的著作。

二、法学家传记

关于难度最大同时也是最重要的第一个历史阶段，有一部经典的著作，即萨蒂（Sarti）与法托里尼（Fattorini）编写的《波伦亚大学的著名教授》（1769 年、1772 年版，第
117 1 卷的第一、二部分涉及 11—14 世纪的法学家），这部著作非常出色。在这方面，还有哪些著作呢？

古伊多 · 潘齐罗鲁斯（Panzirolus）的《著名的法律注释家》。

尤格勒（Jugler）的《法学传记》（6 卷本）。

注意：尤格勒的著作充分表明区分纯粹的文献信息

迄今为止，人们在从事文献史研究时一直都区分狭义的法学史与传记、法学家史。这显然是片面的。因为，法学家史应该包含的东西要么能够对法学产生影响，要么不能产生影响，前者本身就属于法学的一部分，后者则否。然而，此种划分几乎已经成为普遍做法。因此，可以提出如下问题：

（1）对于狭义的文献史人们都做了些什么？

几乎什么都没做。大多数著作都属于书籍目录或学者目录。其中广受赞赏的是霍默尔（Hommel）的《法学文献》。[55]然而，它只不过是随意拼凑起来的文献信息而已。

（2）在法学家传记方面，已经取得了一些有价值的成果。对于难度最大的那一部分，即包括11—12世纪波伦亚法学在内的第一个历史阶段，人们已经进行了极其出色的研究。由意大利学者萨蒂（Sarti）着手编写并由法托里尼（Fattorini）续写完成的一部关于波伦亚法学家的传记非常经典。其中第1卷涉及11—14世纪的法学家，书名为《波伦亚大学的著名教授》，[56]这部著 177
作是历史性与批判性著作中的经典。

关于第二个历史时期的完整的法学家传记尚付阙如。内容最全面的一部著作是古伊多·潘齐罗鲁斯（Panzirolus）的《著名的法律注释家》。[57]

〔55〕卡尔·费迪南德·霍默尔：《法学文献》，1761年由温德勒卢姆出版于里普西埃。

〔56〕毛罗·萨蒂：《11—14世纪波伦亚大学的著名教授》，第1卷第一部分，1769年出版于波伦亚；第1卷第二部分由毛罗·法托里尼编写，1772年出版于波伦亚。萨维尼1799年购得此书。

〔57〕古伊多·潘齐罗鲁斯：《著名的法律注释家》（4卷本），1637年出版于威尼斯。

（包含详细的文献索引）与法学史是何等的重要。

温克（Wenk）的《赫普夫纳传》，作者并非一个法学家。

施皮特勒撰写的关于布兰蒂斯（Brandis）的传记堪称典范。

第二节　研究的成果：书籍知识

需要获得如下成果：

1. 一般目录。

里彭尼乌斯（Lipenius，卒于1692年，时任吕贝克大学的副校长）编写了四部这方面的著作，其中法学部分的书名是《法律书典》(Bibliotheca Realis Iuridica)，出版于1679年，此后其他人的著作大都以该书为基础，其中最后
118 一部著作出版于1756年。里彭尼乌斯的著作在整体规划方面乏善可陈，具体内容更为糟糕。举例［关于奥古斯丁的《忏悔录》(Confessio) 的描述］。该书包含的文献信息本身很不可靠。

施奥特（Schott）的《法律书典：增补与修正》。这本书与里彭尼乌斯的著作一脉相承，二者的体系安排是相同

在18世纪70年代出版了尤格勒（Jugler）的《法学传记》(6卷本)。[58]这部著作的内容非常详细，但它并非作为法学史一部分的法学传记，它只不过是单纯的文献信息索引而已。这部著作充分表明区分文献信息索引与法学史是很有必要的，从这个角度看，它并非毫无意义。

最近出版了两部著作：温克（Wenk）的《赫普夫纳传》，[59]只可惜温克不是一个法学家；另一部著作是施皮特勒撰写的关于布兰蒂斯（Brandis）的传记，[60]这是唯一可以称得上典范的传记，它完全真实地向我们描述了学者与法学之间的关系。

第二节　书籍知识

需要获得如下成果：

1. 按照书目学的（bibliographischer）方法编纂的关于所有法学文献的一般目录。

在17世纪，里彭尼乌斯（Lipenius，卒于1692年，曾任吕贝克大学的副校长，不是法学家）编纂了四个学科的文献目录。其中法学部分的书名是《法律书典》(Bibliotheca Realis Iuridica)，[61]该书后来成为所有同类著作的基

[58] 约翰·弗里德里希·尤格勒:《法学传记》(6卷本)，第1—2卷在1773—1775年由J.S.海因修斯出版于莱比锡；第3—6卷在1777—1780年由P.G.库默尔出版。萨维尼后来通过交换取得了“一部由尤格勒编写的法学家辞典，其中有些内容已经完成，有些只包含资料，在尤格勒这种人的眼中，这些资料都是最好的。”对此，参见《1806年9月1日奥格斯堡信件》，载于W.费尔根特雷格（Felgentraeger）:《弗里德里希·卡尔·冯·萨维尼与P.F.魏兹的通信（1804—1807年）》，载《萨维尼基金会法律史杂志(Zeitschrift der Savigny — Stiftung für Rechtsgeschichte)·罗马法卷》第48卷（1928年），第161页；另见阿道夫·施托尔:《弗里德里希·卡尔·冯·萨维尼：生平素描及其书信集》，第1卷:《青年萨维尼》，1927年由海曼出版于柏林，第291页。

[59] 黑尔弗里希·伯恩哈德·温克:《已故的路德维希·尤里乌斯·弗里德里希·赫普夫纳博士的生平与性格》，1797年由瓦伦特拉普与韦纳出版于美因河畔法兰克福。

[60] L.T.冯·施皮特勒:《关于已故的约翰·弗里德里希·布兰蒂斯教授的文学素养》，载胡果:《民法杂志》第1卷第3期，1791年由奥古斯特·穆里乌斯出版于柏林，第276—305页。

[61] 马丁·里彭尼乌斯:《法律书典》，1679年首次出版于美因河畔法兰克福，此后分别于1720年、1730年、1756年出第2、3、4版。其中第4版由弗里德里希·哥特里伯·施特鲁韦与耶尼希恩作了增补。

的，但它包含的文献信息更为可靠。

森肯伯格编写的《法律书典：增补与修正》。这本书反而远不如施奥特的著作。举例：格拉丢斯。

概览。

2. 关于可用的法学书籍的详细目录，指出这些书籍以何种方式以及在何种程度上是可用的。必须高度精练，每条意见都必须包含一个评价。这种著作的写作难度很大：前面谈到的那种著作只需要一个普通的作家就可以完成，而撰写这种著作的人需要掌握本专业领域内的全部写作知识，甚至本身必须是一个法学家，而且最好应当组成一个法学家团队，共同完成这种研究工作。

施特鲁韦的《精选法律书典》(1756年的第八版由布德尔修订，出版于耶拿)，该书尽管存在不少缺陷，但在这种类型的著作中，它仍然是出类拔萃的。

础，但却受之有愧。这部著作的整体规划乏善可陈，具体内容更为糟糕。弗 178
里德里希·哥特里伯·施特鲁韦（Struv）与耶尼希恩（Jenichen）对其作了增补。此外，该书的内容并不可靠，例如，关于奥古斯丁的（Augustana）《忏悔录》（Confessio）的描述。[62]

此后出版了该书的两个增补本。第一个增补本出自施奥特（Schott）之手，出版于1775年。[63]这本书与里彭尼乌斯的著作一脉相承，但它包含的文献信息更为可靠。第二个增补本由森肯伯格编写，出版于1789年。[64]这本书内容的可靠性比施奥特的书更差（例如，关于格拉丢斯刑罚）。[65]伯特歇（Böttcher）目前正在编写第三个增补本。[66]

很有必要对此予以全面修订。

2. 关于法学书籍的详细目录，初学者尤其需要这种目录。这种著作的内容可能比前面谈到的那种著作的内容更多，但也可能更少。有计划地编制一份关于所有可用著作的目录，同时附上简短的评价，说明应当以何种方式使用这些著作，以及它们在多大程度上是可用的。

这种著作的写作难度显然比前面谈到的那种著作更大。作者自身必须在文学与法学研究方面有很高的造诣。为此，法学家最好应当组成一个团队，一个人难以胜任这种研究工作。内特布拉德（Nettelbladt）的《法律文献通史入门》；[67]格奥尔格·拜尔日（Beyeri）的《法律作家的知识》。[68]

---

〔62〕马丁·里彭尼乌斯：《法律书典》，第1卷，第217页。

〔63〕奥古斯特·弗里德里希·施奥特汇编：《法律书典：增补与修正》，1775年出版于里普西埃。

〔64〕雷纳图斯·卡尔·冯·森肯伯格汇编：《法律书典：增补与修正》，1789年出版于里普西埃。

〔65〕即卡尔·费迪南德·霍默尔的著作：《斩首法》，1762年出版于里普西埃与朗根海姆，该书涉及格拉丢斯刑罚。

〔66〕第三、四个增补本在很多年以后才出版，而且不是由伯特歇编写，而是出自路德维希·哥特弗雷德·马丁之手，出版于1817—1823年。

〔67〕丹尼尔·内特布拉德：《法律文献通史入门》（Initia historiae litterariae juridicae universalis），1764年由伦格出版于哈勒，1774年再版。

〔68〕格奥尔格·拜尔日：《法律作家和法律职业的实用与必备知识》，1698年由格罗斯出版于里普西埃，并于1701年、1703年、1726年多次再版；哥特洛伯·奥古斯特·耶尼希恩1738年对该书进行修订扩充后出版；卡尔·费迪南德·霍默尔1749年、海因里希·哥特里伯·费兰克1756年先后对其进行修订再版。

3. 除此之外，还有必要对当代的法学文献信息进行汇编。这项工作没什么困难，因为值得一提的著作屈指可数。在这方面，我们自己的评论是微不足道的。《文献索引》:[7]一部典范性的著作——它的使用方法。

〔7〕J.S. 埃尔施:《1785—1790 年的文献索引》(3 卷本), 1793—1794 年出版于耶拿; 同一作者:《1791—1795 年的文献索引》(3 卷本), 1799—1800 年出版于魏玛; 同一作者:《1796—1800 年的文献索引》(2 卷本), 1807 年出版于魏玛。

施特鲁韦的《精选法律书典》(1756年的第八版由布德尔修订)[69]在很大程度上是以上述计划为基础的。该书具有较高的使用价值，值得一读。

韦斯特法尔斯(Westphals)的《书籍知识》。[70]

除此之外还有必要对晚近的法学文献信息进行汇编。这项工作显然要容易得多，最适合于这项工作的莫过于那些专门从事文献评论的研究机构。在这方面最出色的是巴赫的《罗马法史四卷本》与施奥特的《法律书典：增补与修正》，[71]遗憾的是他们很快就停止了这一工作。 179

〔69〕布克哈德·哥特黑尔夫·施特鲁韦：《按照文献顺序编写的精选法律书典》，1703年、1705年、1710年、1720年、1725年由拜里亚尔出版于耶拿，1743年、1756年由库诺出版于耶拿。

〔70〕恩斯特·克里斯蒂安·韦斯特法尔斯：《关于法学及相关学科优秀书籍知识的体系化指南》，1774年由魏冈逊书店出版于莱比锡；1779年、1791年再版。

〔71〕约翰·奥古斯特·巴赫：《罗马法史四卷本》(第5版)，1796年出版于里普西埃。奥古斯特·弗里德里希·施奥特汇编：《法律书典：增补与修正》，1775年出版于里普西埃。

第三章　关于法律书典的详细说明

119 在此，必须因循与绝对法学方法相同的进路。

第一节　民法领域的文献

一、关于解释的文献

注意：法源本身并不属于这种类型的文献，我们理所当然地必须拥有并阅读全部的法源。只有在以下这种意义上，法源才属于我们这里所谈论的对象：每一个出版的法源文本都是学术研究的成果。易言之，此处同时探讨考证与解释。

（一）一般性的著作

1. 关于前优士丁尼时代的法学的研究成果

最为重要的是关于盖尤斯、乌尔比安、保罗的研究。

舒尔廷的《前优士丁尼时代的法学》。这本书中的解释

第三章　关于法律书典的详细说明

在此，必须因循与绝对法学方法相同的进路：首先探讨解释，然后探讨历史性研究，最后探讨体系。

第一节　民法领域的文献

一、关于解释的文献

关于法源的解释产生了哪些成果？我们在这里并不是研究法源本身，而是对法源的研究成果进行考察。只有在以下这种意义上才会涉及法源：每一个法源，即每一个出版的法源文本都是大量考证工作的成果。

（一）一般性的著作

1. 关于前优士丁尼时代的法学的研究成果

在这方面我们目前拥有：

（1）舒尔廷的汇编

舒尔廷的著作名为《前优士丁尼时代的法学》，1717 年出版于莱顿，非常重要，正因如此，它是新法之外的最有价值的著作。不过，该书在考证方面相当马虎。

古斯塔夫·胡果的《多米蒂斯·乌尔比安的〈规则集〉单卷本残篇》，1788 年出版于哥廷根；同一作者的《尤里乌斯·保罗的〈关于子的问题的见解（sententiarum）〉5 卷本》，1795 年出版于贝洛里尼。其中第二部著作更好一些，是必读之作，因为在出版时附加了索引。

哈乌波德关于盖尤斯《法学阶梯》的研究成果，1792 年出版于里普西埃。

《狄奥多西法典》——前优士丁尼时代法学的另一个重要部分。在这个领域，虽然只有一部著作，但这部著作却堪称典范，它出自雅各布·哥特弗雷德之手。这部法典中的私法部分稍差一些，因为［包含私法的］前五卷是经由《阿拉里克简编》(即所谓的《西哥特罗马法》）流传到我们手中的。

1737 年出版于里普西埃，1744 年由尧默·芬尼斯特热斯评注并出版。[72]该书汇集了盖尤斯、保罗、乌尔比安及其他一些法学家的著作。虽然没有对文本进行仔细考证，但对其进行解释，这是很重要的，尤其有助于理解实践性的优士丁尼法。

在舒尔廷之后，鲜有类似的著作问世。后来的作品更侧重于考证而不是解释。譬如：

《多米蒂斯·乌尔比安的〈规则集〉单卷本残篇》，1788 年出版于哥廷根；《尤里乌斯·保罗的〈关于子的问题的见解（sententiarum）〉5 卷本》，1795 年出版于贝洛里尼。二者皆出自古斯塔夫·胡果之手，他在第二部著作上下了更多功夫。这些文献的出版十分重要，因为在出版时附加了完整的内容概览。[73]

此外还有哈乌波德关于盖尤斯《法学阶梯》的研究成果（附有梅尔曼的 180
注释），1792 年出版于里普西埃。[74]

（2）《狄奥多西法典》

在这方面，雅各布·哥特弗雷德取得了近乎完美的学术成就。该法典的利用价值主要在于基督教时代诸皇帝的立法。《狄奥多西法典》的研究极为重要，但是从实践的视角看，它却是严重变质的，因为其中有一部分（前 5 卷）是经由《阿拉里克简编》（即所谓的《西哥特罗马法》）流传到我们手中的，显然是不纯正的。而这 5 卷的内容恰恰属于私法。

---

〔72〕安东尼乌斯·舒尔廷（校阅、评注）：《前优士丁尼时代的法学》1717 年由林登出版于莱顿；1737 年由魏德曼尼亚那再版于里普西埃。萨维尼在 1811 年购得该书 1717 年版的一个珍藏本书中附有舒尔廷的亲笔边注，现收藏于波恩大学图书馆，对此，可参看阿道夫·施托尔（Stoll）：《弗里德里希·卡尔·冯·萨维尼：生平素描（ein Bild seines Lebens）及其书信集》，第 2 卷：《在柏林大学的教授生涯》，1929 年由海曼出版于柏林，1744 年的版本目前尚无从考证。

〔73〕《多米蒂斯·乌尔比安的〈规则集〉单卷本残篇——通过〈乌尔比安论著提要（tituli ex corpore Ulpiani）〉流传下来》，古斯塔夫·胡果出于讲课的目的编辑，1788 年由迪特里希出版于哥廷根。古斯塔夫·胡果编辑：《经由阿拉里克简编（breviario Alariciano）流传下来的尤里乌斯·保罗的〈关于子的问题的见解〉5 卷本》，1795 年由奥古斯特·穆里乌斯出版于贝洛里尼。

〔74〕克里斯蒂安·哥特里伯·哈乌波德出于讲课的目的编辑：《盖尤斯的〈法学阶梯〉或法学阶梯摘要两卷本》，1792 年由巴蒂乌姆出版于里普西埃。

2．关于优士丁尼法律汇编的研究成果

考证性的成果：15—16世纪的成果颇为丰硕，哈罗安德（Haloander）与孔蒂乌斯汇编出版《民法大全》，1575年、1576年、1580年多次修订再版。一直到1776年的二百年期间里，考证工作止步不前。原因何在？1583年，狄奥尼修斯·哥特弗雷德整理出版了优士丁尼法律汇编。

120 哥鲍尔编辑的《民法大全》（1776年、1797年出版），早在18世纪初，就已经传说有这部作品。该书并无多大的贡献，尤其是与16世纪的成果相比，在这方面，我们本来能够取得更大的成就。

默伊尔：《关于哥鲍尔版〈法学阶梯〉与〈潘得克吞〉的价值》，1779年出版于哥廷根，与科赫的观点针锋相对——对哥鲍尔成果的缺陷进行出色的辩护。

2. 关于优士丁尼法律汇编的研究成果

（1）考证性的成果

优士丁尼法由四个部分组成。其中有些部分早在15世纪就已被印刷发行，数量相当可观并且持续不断地印行（例如《法学阶梯》于1468年就已在美因茨出版），[75]但它们并未得到考证。著名的人文主义法学家波利齐安（Polizian）率先对《潘得克吞》与佛罗伦萨手抄本进行比较。[76]博洛格尼尼——一位无知的平庸学者——率先将这个成果公之于众。[77]

16世纪的成果也颇为丰硕。第一个真正的考证家是哈罗安德（Haloander）。他分别于1529年、1530年、1531年整理出版了优士丁尼的全部立法。后来的其他学者也取得很多成果，如孔蒂乌斯、帕齐乌斯（Pazius）、卡隆达斯（Charondas）以及卢萨德（Russard）。[78]从1580年到1776年，考证工作止步不前。1583年，狄奥尼修斯·哥特弗雷德整理出版了未经注释法学家处理过的优士丁尼法，纸张质量较差，字号较小，编者附加了少量自己的注释。这个质量较差的版本非常便宜，并且通过重印被大量地复制。所有的考证工作都处于完全停滞状态。[79]

在18世纪初，人们经常提到《民法大全》的一个新版本。布伦克曼（Brenkmann）赴意大利旅行了一趟，试图重新整理编辑佛罗伦萨手抄本（哥鲍尔：《布伦克曼的讲述、手稿及其关于民法大全的研究》，1764年由范登赫克出版于哥廷根）。他死于旅行途中，把手稿留给宾克施尔克，后者却对此无 181

〔75〕《优士丁尼法学阶梯》，1468年由P.舍福尔出版于美因茨。

〔76〕关于波利齐安文本考证工作以及萨维尼所掌握的他的作品的介绍，详见萨维尼：《中世纪罗马法史》第6卷，1850年出版于韦斯巴登——比布里希，第436—446页。

〔77〕同上注，第356—371页。

〔78〕他们进行各种文本考证性研究，此处主要指汇编出版《民法大全》。哈罗安德的版本1529—1531年由佩特雷乌姆出版于纽伦堡；孔蒂乌斯的版本1571年由罗维里乌姆出版于里昂；卡隆达斯的版本1575年由普兰蒂尼出版；帕齐乌斯的版本1580年由维格农出版于日内瓦；附有大释义与人文主义法学家最出色的文本考证性注释的大部头版本1576年由尼维勒出版于巴黎；卢萨德的修订注释版1560—1561年由罗维里乌姆出版于里昂。

〔79〕《民法大全——附狄奥尼修斯·哥特弗雷德的注释》，1583年由巴托迪·文森蒂出版于里昂。在同一年，该书还出了另外两个版本，其中一个版本出版于日内瓦，由雅各布·施托亚印制，另一个版本的出版地不详。

解释性的成果：永恒注释的任务。人们经常对《法学阶梯》进行注释，其中菲尼乌斯（Vinnius）的注释最为详尽，具有较高的价值。对于《民法大全》的其他部分，进行此种尝试的只有注释法学派，后来的实践法学家的著作几乎毫无用处。法伯（Faber）的著作没有全部完成，其内容非常详尽，但却不太令人满意，而且在整体性方面也比较差。曾计划对《潘得克吞》的全部内容进行注释，但却只完成了其中25卷的注释。他的著作有一定的价值。

所作为。哥鲍尔花了 1050 古尔登* 从宾克施尔克的图书馆购得这份手稿，并于 1776 年出版了第 1 卷。哥鲍尔去世之后，施潘根伯格（Spangenberg）在 1797 年出版了第 2 卷。[80]

从总体上看，上述新的研究成果是无足轻重的。尽管其中包含的考证成分比其他任何版本都多，然而，不但在细节方面存在有待改进之处，而且在整体规划上也存在缺陷。如果把佛罗伦萨手抄本视为原始文本，就可以对该文本的任何变体（Varianten）置之不理，否则，就必须阅读所有的文本，这些文本不能被统称为佛罗伦萨手抄本或者说比萨手抄本（Vulgata），每一个文本都具有原始文本的价值，都构成一个独特的法源。《关于哥鲍尔版〈法学阶梯〉与〈潘得克吞〉的价值》，默伊尔（Meurer）博士在 1777 年出版于哥廷根的一本书中对其缺陷进行出色的辩护，在这方面他与科赫针锋相对。[81]

（2）关于优士丁尼法的解释性著作

这种著作具有重要的实践意义。问题是：关于优士丁尼立法文本整体的解释，学者们取得了哪些成果？

对于《法学阶梯》，人们持续不断地进行注释并且取得了很多有价值的成果，其中最出色的当推菲尼乌斯（Vinnius）。[82] 对优士丁尼法的另一部分（即《潘得克吞》）进行注释的难度显然要大得多，因为它的篇幅比《法学阶梯》更大。这方面的著作大都只包括对《潘得克吞》部分内容的实践性评注，如布荣涅曼（Brunnemanni）的著作。[83]

---

* 古尔登（Gulden），德国古货币名。

〔80〕《民法大全》，由格奥尔格·克里斯蒂安·哥鲍尔校阅，在其去世之后由格奥尔格·奥古斯特·施潘根伯格负责编辑出版，先后于 1776 年（《法学阶梯》与《潘得克吞》）、1797 年（《法典》与《新律》）出版于哥廷根。关于哥鲍尔版《潘得克吞》的记录参见萨维尼的《日记》第 2 卷第 16 页、第 22 页、第 385 页。

〔81〕海因里希·默伊尔：《关于哥鲍尔版〈法学阶梯〉与〈潘得克吞〉的价值》，1779 年（格林似乎误把出版年份记成 1777 年）由迪特里希出版于哥廷根。

〔82〕阿诺都斯·菲尼乌斯：《关于四卷本的优帝〈法学阶梯〉的学术性——实践性的详细注释》（Commentarius locupletissimus academicus et forensis in IV. libros Institutionum imperialium），约翰·哥特里伯·海内丘斯校阅并作序，1726 年由林登出版于莱顿。在波恩大学图书馆收藏的一份资料中，萨维尼写道："该《注释》的第一个完整版于 1642 年由 J. 迈尔出版于莱顿。"

〔83〕约翰·布荣涅曼：《对五十卷本的〈潘得克吞〉的评注》，1670 年由劳塞尔与帕伯斯特出版，此后多次重印。

注释法学一般有三种用途：

其一，考证。注释法学具备这种用途的原因在于它是
121 法源文本的变体，同时它又以法源文本为基础。

其二，解释。关于这种用途的法则：注释法学越多地依赖于语文学与古文物知识，其用处就越小。

其三，文献［史］。用于解释后世法学家的思想。

整个注释法学都是严重变质的，其书写往往模糊不清，作者一般都很马虎。阿库修斯（Akkursius）是最差的注释法学家。约翰内斯（Johannes）著作的出版极其重要。阿佐（Azo）的《法典注释》也有很高的价值。

（二）单项的解释与考证——绝大部分都是关于优士丁尼法律汇编的

包括两种著作，第一种是对法源中的篇幅较大的一个部分进行解释与考证，尤其是：

1. 对《潘得克吞》或《法典》中的整个题（Titel）进行解释与考证，举例。

2. 按照历史理念对某些古代法学家的著作进行复原。

法伯（Faber）曾计划对《潘得克吞》的全部内容进行注释，但却只完成其中 25 卷的注释。[84]他的著作有一定的价值。 182

唯一尝试对罗马法进行完整解释的只有注释法学。它的用途有三种：

第一，考证。注释法学家并未撰写自己的手稿，他们通常对［罗马法］文本附加注释，从中能够确定地推断出作为其基础的立法文本。此后，也产生了很多文本的变体。

第二，文献史。后世很多法学家的思想来源于注释法学。

第三，作为优士丁尼立法文本的永恒注释。这种注释越少地以历史和古文物的具体知识为基础、越多地注重文本的逻辑解释，就具有越高的使用价值。

我们很难利用这些注释，因为大多数注释版本都是粗制滥造的，其所包含的错误比文本自身的错误要多得多。我们将其视为“注释”的那些东西只不过是对于注释法学家著作的少得可怜而且极其低劣的节选而已。最后一位注释法学家弗朗茨·阿库修斯（Franz Akkursius）作了这样的节选，我们直截了当地将其称为“注释”。阿库修斯显然是最差的注释法学家。有一些注释法学家是非常出色的，尤其是约翰内斯（Johannes）[85]与阿佐（Azo）。后者著有《法典注释》一书，关于《法典》的所有注释莫不渊源于此，但它们在质量上都与阿佐的作品相去甚远。孔蒂乌斯率先把阿佐的这部作品编辑出版。[86]

（二）专门的书籍，即对法源某一部分进行解释的著作 183

这方面的著作极其丰富。可以将它们划分为：

1. 对某个法源中的较大部分内容的解释

---

［84］安东尼·法伯的《〈潘得克吞〉中的理论》的五个部分发表于 1604—1631 年期间。第一个完全版出版于 1659 年（第 1、2 部分）与 1663 年（第 3—5 部分）。

［85］关于弗朗切斯科·阿库修斯（大约生于 1181—1185 年间，卒于 1259—1263 年间）、乔瓦尼·巴西亚诺（Giovanni Bassiano，活跃于 1170 年前后，著有《奥滕提卡集成（新律注释集成）》）以及阿库修斯之前的注释法学家，众所周知，萨维尼在《中世纪罗马法史》中对其作了详细的论述。

［86］阿佐：《对十二卷本〈法典〉所作的注释与大释义》（Azonis ad singulas leges XII. librorum Codicis commentaries et magnus apparatus），1577 年由尼维利乌姆出版于巴黎。关于阿佐这部著作的版本介绍，参见《萨维尼日记》第 2 卷，第 45 页、第 47—48 页，更详细的论述参见萨维尼：《中世纪罗马法史》第 5 卷，第 18—19 页、第 33 页以下。

注意：关于这些著作的注释性作品，巴赫的《罗马法史四卷本》作了记载。法国法学派。

辅助手段：

其一，历史索引。拉比蒂的《索引》（1557 年出版于巴黎），魏林（Wieling）的《法学的复原》（1727 年出版于阿
122 姆斯特丹）。哈乌波德曾打算对该书进行修订。

其二，关于《潘得克吞》，霍默尔的《古代法学著作的再生》，1767—1768 年出版于里普西埃。该书虽然在精确性方面有所欠缺，但仍有很大的用处。

另外一种著作只对法源的某些段落进行注释。

在何处可以找到这些注释？

（1）著名法学家的《作品全集》。

（2）汇编（《宝典》）。

哈乌波德的《前思》（1796 年出版于里普西埃）对二者作了最好的记载。

有些法学家对《法学阶梯》《法典》或《潘得克吞》中的整个题（Titel）进行出色的注释。例如，很多人对《潘得克吞》第 50 卷第 16 题“关于词语的含义”（de verborum significationibus）、第 17 题“关于古法的各种规则”（de diversis regulis iuris antiqui）以及《法典》第 6 卷第 38 题进行注释，尤其值得关注的是雅各布·哥特弗雷德与法伯的著作。[87]

后来出现了对某些古代法学家（如保罗、乌尔比安）的整部著作进行注释的作品，尤其引人注目的是法国法学派。居雅斯对帕比尼安与保罗的《告示评注》进行注释。巴赫的《罗马法史四卷本》对此作了记载。[88]

对于这种类型的解释，需要一种辅助手段，即历史索引。早在 16 世纪，人们就已经对此进行尝试。例如，拉比蒂的《索引》（1557 年出版于巴黎），[89]魏林（Wieling）将其改编为《法学的复原》（1727 年出版于阿姆斯特丹），该书大有用处。哈乌波德曾打算对该书进行修订。[90]

这部著作的优点在于它确确实实地按照特定的规划编写。针对《潘得克吞》，霍默尔也撰写了一部这种类型的作品，即《法学的再生（palingenesia juris）》（3 卷本）。[91]该书也是可用的，虽然它在精确性方面遭受质疑。

2. 只对法源的某些段落所作的注释

对这些注释进行辨别是一件最困难的事情。人们在编辑出版某些著名法学家的《作品全集》时，已经把大多数针对各个段落的注释整合在一起。还有人对一些短篇幅的解释性作品进行汇编，其中特别值得关注的是奥托与梅

[87] 雅各布·哥特弗雷德：《对〈潘得克吞〉中“关于古法的各种规则”一题的新注释》，1562 年出版于日内瓦；皮埃尔·德·圣—约里·杜·法伯：《对优士丁尼〈潘得克吞〉第 50 卷“关于古法的各种规则”一题的注释》，1566 年由 G. 洛维里乌姆出版于里昂。

[88] 约翰·奥古斯特·巴赫：《罗马法史四卷本》（第 5 版），1796 年出版于里普西埃。

[89] 雅克·拉比蒂：《〈潘得克吞〉包含的全部法律索引》，1577 年卡维拉特出版于巴黎，此后多次再版。

[90] 亚伯拉罕·魏林：《法学的复原——优士丁尼〈民法大全〉全部内容的编年式索引》，1727 年由扬索尼奥—瓦尔斯伯格出版于阿姆斯特丹。哈乌波德并未对该书重新修订出版，但他的弟子卡尔·弗里德里希·克里斯蒂安·温克实现了其修订计划，1809 年修订版出版于里普西埃。

[91] 卡尔·费迪南德·霍默尔：《古代法学著作的再生》，1767—1768 年出版于里普西埃。

（3）单篇作品，比如“校阅”之类的作品。

关于这些作品，非常需要一个按照法源本身顺序编写的索引：

M. A. 德尔·里奥的《诸学者的市民法解释摘编》（2卷本），1580年出版于巴黎；后来，布罗塞乌斯对该书进行了修订完善并于1590年出版于里昂，1606年再版。

123 霍默尔的《附加各种注释的民法大全》，1768年出版于里普西埃。该书仅涉及《法学阶梯》与《潘得克吞》，虽然内容不够完整，而且［对于各种注释］并未作出最佳的选择，但它仍有较高的使用价值。

对于所有的解释者而言，一部好辞典都是非常重要的辅助手段：

布里索尼乌斯（Brissonius）的《民法中的词语含义》，由约翰·哥特里伯·海内丘斯编辑整理，尤斯图斯·亨宁·伯默（J.H.Boehmeri）作序，1743年出版于哈勒。这部著作非常优秀——它的价值。它的缺失——约翰·温德里希《对布里索尼乌斯〈民法中的词语含义〉的补遗》，1778年出版于汉堡，该书的水平不算太高。

124 对于法学家而言，盖斯纳（Gesneri）的《拉丁语宝典》

尔曼的《宝典》(5 卷本)[92]以及海内丘斯的《罗马—阿提卡法学》[93]。这些著作大都包含索引。 184

哈乌波德的《罗马法前思》。[94]

除此之外，还存在大量尚未被汇编的短篇作品，其名称通常是“校阅”“修订”“解释”。

一如整体性的法律解释，这些零散的解释也非常需要一个一般性的索引。人们早在 16 世纪就已经开始编制这样的索引了。首先问世的是马可・安东尼・德尔・里奥的《诸学者的市民法解释摘编》(2 卷本)，1580 年出版于巴黎，后来，布罗塞乌斯（Brossäus）对该书进行修订完善并于 1590 年出版于里昂。[95]这部作品也被刊登于《民法大全》的很多注释版本之中。

在 18 世纪，霍默尔曾计划对其进行重新修订，但只出版了前半部分，书名为《附加各种注释的民法大全》(1768 年版)。[96]该书仅涉及《法学阶梯》与《潘得克吞》，内容不够完整，而且对于各种注释的选择不够恰当。当然它仍有较高的使用价值，尤其是在素材的收集方面。

一部完备的辞典对于注释大有裨益。此处所谓的辞典并非关于事物本身的辞典，而是关于词语含义的辞典。这种意义上的辞典目前只有一部，即巴纳巴斯・布里索尼乌斯（Barnabas Brissonius）的《民法中的词语含义》，该书

---

〔92〕爱伯哈德・奥托：《罗马法宝典》(5 卷本)，第 2 版，1733—1735 年由 J. 布诺尔德列特出版。格哈德・梅尔曼：《新编市民法与教会法宝典（Novus Thesaurus juris civilis et canonici）》(7 卷本)，1751—1753 年由 P. 德・霍恩特出版。格哈德・梅尔曼去世后，其子约翰・路德维希・B. 德・梅尔曼于 1780 年编辑出版了该书的增补本。

〔93〕约翰・哥特里伯・海内丘斯：《罗马—阿提卡法学》(3 卷本)，1738—1741 年出版于里昂。

〔94〕克里斯蒂安・哥特里伯・哈乌波德：《私法前思》(Praecognita iuris privati novissimi)，1796 年出版于里普西埃。

〔95〕马可・安东尼・德尔・里奥：《诸学者的市民法解释摘编》(2 卷本)，1580 年由 M. 索尼乌姆出版于巴黎。布罗塞乌斯的修订版先由 F. 法布卢姆于 1590 年出版于里昂，后由 S. 克里斯皮努姆于 1606 年再版于里昂。

〔96〕卡尔・费迪南德・霍默尔：《附加各种注释的民法大全》，1768 年出版于里普西埃。

（thesaurus）具有很高的使用价值。

二、历史性的研究著作

这方面的著作少得可怜，而且其中大多数著作没什么用。

外部法律史与内部法律史之区分。二者的概念。

［人们试图］重新将二者结合起来——在这方面，唯一优秀的著作是胡果的《法律史》(1799 年第 2 版，出版于柏林)。这本书在形式上是最出色的，其内容虽然也很丰富，但绝不能完全取代以往的著作。

（一）关于外部法律史的著作

约翰・哥特里伯・海内丘斯的《罗马—日耳曼民法史》，由 J.D. 里特注释，J.M. 希尔伯拉德编辑整理，1765 年出版。

巴赫的《罗马法史四卷本》，由施托克曼编辑整理，1796 年出版于里普西埃。对这部著作的利用方式——人们后来由海内丘斯编辑整理并由伯默（J.H.Boehmeri）作序出版，[97]此前，该书曾于1578年、1587年、1596年、1683年、1697年、1721年多次出版。这部著作取得了很高的成就。

约翰·温德里希（Wunderlich）的《对布里索尼乌斯〈民法中的词语含义〉的补遗》。[98]

对于法学家而言，盖斯纳（Gesneri）的《拉丁语宝典》(thesaurus)[99]具有很高的使用价值，可以将其作为布里索尼乌斯辞典的辅助工具。

二、历史性的研究著作

这方面的著作少得可怜，而且其中大多数著作的水平较低。人们很早以前就开始区分内部法律史与外部法律史。外部法律史应当涵盖所有的事实，即便这些事实中不包括法律规范。内部法律史应当包含所有法律规范本身的历史，即法体系的发展历程。

最近有学者主张摈弃这种区分，他们认为这种区分有些别扭而且有些专 185
断，在这方面最优秀而且几乎是唯一可用的著作是胡果的《法律史》(1799年第2版)。[100]这本书在形式上是非常出色的，但从内容上看，由于它比较简短，所以在讲课时，以往的著作仍然不可或缺。后者包括：

（一）关于外部法律史的主要著作

巴赫的《罗马法史四卷本》，由施托克曼增订的最新版包含了很有价值

[97] 巴纳巴斯·布里索尼乌斯：《民法中的词语含义》(De verborum quae ad ius civile pertinent significatione)，J.G.海内丘斯编辑整理，尤斯图斯·亨宁·伯默作序，1743年由奥法诺特诺法埃出版于哈勒。

[98] 约翰·温德里希：《对布里索尼乌斯〈民法中的词语含义〉的补遗》，1778年由C.E.伯恩出版于汉堡。

[99] 约翰·马蒂亚斯·盖斯纳：《新编罗马语言与知识宝典》，1749年由弗里茨与布雷特科普菲出版于里普西埃。

[100] 古斯塔夫·胡果：《罗马法史教科书》(第2版)，1799年由奥古斯特·穆里乌斯出版于柏林。

很快就熟知它，并且习惯于经常使用它。

哈乌波德的《罗马法史图解》，1790年出版于里普西埃。

（二）关于内部法律史的著作

关于古文献——整体性的阐述？（前述胡果的著作）。

[除了胡果的著作以外]，只有一部属于这种类型的著作，即希格尼乌斯的《罗马人的古法》。这部著作的优点与缺陷——很值得一读。

125 大多数古文献都得到详尽的编写（有很多被编入各个著作，比如，在体系性著作之中，不过，大多数却被汇集）于舒尔廷的《前优士丁尼时代的法学》之中——这也可以说是这部注释性作品的第二个重要用途。

古文献摘要：

塞尔乔的《关于罗马公法与私法的古文献入门》非常拙劣。

海内丘斯的《罗马法学古文献汇编》（第5版，1777年出版于列奥瓦迪埃与弗兰勒奎埃）。这是一部枯燥无味的汇编，与以往的著作相比，几乎没有任何新意。甚至从规划上看，它根本就不能被视为一个整体或者说体系，毋宁是对前人著作中包含的资料的简单编排：从别的地方搜集古文献碎片，毫无规划地编排在一起。举例。

布里索尼乌斯的《罗马人的程式与习俗》（康拉德校订，

的附录，尤其是增加了索引。[101]哈乌波德借助于图表使其变得更为简明，1790年以《罗马法史图解》为题出版于里普西埃。[102]

除此以外，还算得上佳作的只有海内丘斯的法律史著作，里特（Ritter）以及后来的希尔伯拉德对其作了出色的注释。[103]

（二）关于内部法律史，胡果的著作极其重要

除此以外，只有一部属于这种类型的著作，即希格尼乌斯（生于1574年，卒于1584年）的《罗马人的古法九卷本》1750年哈勒新版，早在16世纪就已出版。[104]

这部著作并未打算对法体系的历史进行完整的论述，而是仅仅阐述古典法学。因此，它存在一些局限性，这一点在具体论述的过程中表现得更为明显。它在质量上可谓良莠不齐。然而，它仍具有很高的使用价值，在文体方面尤其值得赞赏，而且由于它包含了全部的古文献，所以是一部不可或缺的著作。

除此之外，舒尔廷的注释作品也汇集了很多零散的资料，尤其是关于罗马古法的资料。哥特弗雷德在《狄奥多西法典评注》一书中也提供了很多关于基督教时代皇帝立法的资料。塞尔乔（Selchow）的古文献摘要（全无用处），[105]以及海内丘斯的古文献摘要（1777年新版）[106]都属于败笔之作，他

---

〔101〕约翰·奥古斯特·巴赫:《罗马法史四卷本》（第5版），施托克曼增订，1796年出版于里普西埃。

〔102〕克里斯蒂安·哥特里伯·哈乌波德:《罗马法史图解——对巴赫著作的整理》，1790年出版于里普西埃。

〔103〕约翰·哥特里伯·海内丘斯:《罗马—日耳曼民法史》（Historia iuris civilis romani ac germanici），约翰·丹尼尔·里特、J.M.希尔伯拉德校阅增订，1765年由J.G.鲍尔卢姆出版。

〔104〕C.希格尼乌斯:《罗马人的古法九卷本》（第一个完整版1574年由波农出版于波伦亚），被收录于1732—1737年出版的《希格尼乌斯作品全集》（6卷本）的第5卷，附有L.A.穆拉托里编写的注释与生平介绍。参见《萨维尼日记》第2卷，第106—130页：希格尼乌斯《古法》的出版简史、内容介绍；波恩大学图书馆中的萨维尼藏书第400号：C.希格尼乌斯:《罗马人的古法》，1715—1718年出版于哈勒（两卷本），1750年重印于哈勒。

〔105〕约翰·海因里希·克里斯蒂安·冯·塞尔乔:《关于罗马公法与私法的古文献入门》（Elementa antiquitatum iuris Romani publici et privati），1757年由范登赫克出版于哥廷根。

〔106〕约翰·哥特里伯·海内丘斯:《罗马法学古文献汇编》，第5版，1777年由查尔莫特、D.洛马出版于列奥瓦迪埃与弗兰勒奎埃。

后来由巴赫编辑整理，1754 年出版于法兰克福与里普西埃）在某种程度上也属于这种类型的著作。这部著作很出色，具有较高的使用价值。

三、作为整个研究的成果的体系

回顾体系的概念。人们往往对体系作狭义的理解："按照自己选定的架构进行阐述。"

（一）包含全部罗马法的体系

我们需要这样的著作：它属于真正意义上的书，不仅仅可供参考之用，而且可以对其进行整体性的阅读，还能够作为整个研究的基础。这种著作产生于解释——"注释集成""Paratitla""纲要"以及关于《潘得克吞》《法典》《法学阶梯》等的评注。所有这些著作的任务：引导人们学习这些确定的法源。

努特（Noodt）《对〈学说汇纂〉或〈潘得克吞〉前 27 卷的注释》的独特贡献：通过考察《告示》中的段落，对

126 《潘得克吞》各题进行注释。

人们完全误解了上述任务——它是一个基于《潘得克吞》各题而阐述的体系——人们不必作太大的更改就可以将其运用于《法学阶梯》或《法典》——此种无计划性引

们自己并没有进行任何研究，而是直接对希格尼乌斯与舒尔廷著作中的资料 186
进行汇编，整体规划相当低劣。

属于古文献体系的还有一部著作，即布里索尼乌斯的《罗马人的程式与习俗》（康拉德校订，1754 年新版），这是一部优秀的著作，它对所有流传给我们的法律程式进行汇编与解释。[107]

三、关于法体系的著作

体系应当对解释的结论进行阐述，在这部分将要说明，哪些作品可用于把它作为法源的解释结论予以研究。

（一）包含全部罗马法的体系

这样的著作是非常有用而且非常必需的，人们可以无条件地遵循它。大多数著作都依据某一个法源安排自己的体系。注释法学家早已开始撰写这样的著作，如《学说汇纂注释集成》《法典注释集成》等。法国人文主义法学家也有这样的著作，他们将其命名为“Paratitla”。这样的体系很好。但是，人们后来却沿用充满缺陷的“纲要”（Kompendien）、“评注”之类的体系。大多数著作都是按照这样的体系划规撰写的。

然而，努特（Noodt）却与众不同，在撰写《〈潘得克吞〉注释》[108]时，他逐题地注释并在每题的开头加上序言。他还对《告示》中的一些段落进行考察。

但最好的著作还是弗特的《注释》。[109]赫普夫纳（Höpfner）针对《法学

〔107〕巴纳巴斯·布里索尼乌斯：《罗马人的程式（formulis）与习俗八卷本》，弗朗茨·卡尔·康拉德校订并附布里索尼乌斯的传记与箴言，1754 年由魏德曼尼亚那出版于法兰克福与里普西埃。

〔108〕格哈德·努特：《对〈学说汇纂〉或〈潘得克吞〉前 27 卷的注释》，载于其《作品全集》的第 2 卷，1760—1767 年由卢扎克出版于莱顿。

〔109〕约翰内斯·弗特（J.Voet）：《〈潘得克吞〉注释》（2 卷本），1757 年由克拉默出版。增订版于 1793 年由维尔德与阿尔特出版于特拉耶克蒂。该书第 1 版在 1698—1704 年由瓦贝塞出版于莱顿。

发了一种有害的偏见，其具体操作往往更为糟糕。

约翰内斯·弗特（J.Voet）的《〈潘得克吞〉注释》——最好的注释——无足轻重的著作。

赫普夫纳（Höpfner）的《对海内丘斯〈法学阶梯〉的理论及实践性评注》。

尤斯图斯·亨宁·伯默的《学说汇纂法导论》。

马尔布兰克的《按照〈学说汇纂〉体系撰写的罗马法原理》。

黑尔菲尔德（Hellfeld）的《按照〈潘得克吞〉体系编写的法院法学》。

格吕克（Glük）的《依据黑尔菲尔德的著作编写的〈潘得克吞〉详尽阐释》。

我们应该以如下方式利用这些著作：如果我们自己已经对［法律的］某个方面的内容进行研习，就可以翻阅这本书，看看自己在引证时是否遗漏了某个著名作者的成果
127 或者照搬了人家的成果。

韦斯滕伯格（Westenberg）的《按照〈学说汇纂〉体系撰写的罗马法原理》是所有这类著作中唯一值得推荐的，它可以用作对法源各部分内容进行研究的预备手段——它只关注那些法源研究本身需要关注的东西，而且不轻易忽略那些在《潘得克吞》各题之中本来就有的重要东西——易言之，它对于这种研究是完全必需的，［但］不是作为罗

阶梯》撰写了一部类似的著作。[110]但从总体上看该书不值得推荐，因为它毫无规划可言。

在所有关于潘得克吞的注释作品中，伯默的《导论》[111]久享盛誉，在某些方面该书的确值得赞赏，它包含了大部分的资料，但它同样也存在上述缺陷。黑尔菲尔德（Hellfeld）的著作更糟糕，错误百出。居然有人对它进行注释。格吕克（Glük）的著作也是如此。[112]如果人们自己已经对［法律的］某
些内容进行研习，就可以翻阅这本书，看看自己是否引用了某个并非不知名 187
的作者的成果，因为这本书的参考文献相当丰富。除此之外，该书没什么用处，至少不能用作体系基础。马尔布兰克（Malblank）的新作也好不到哪里去，在体系规划方面更糟糕。[113]只有一本书具有很高的使用价值，即韦斯滕伯格（Westenberg）的《按照〈学说汇纂〉体系撰写的罗马法原理》。[114]

该书虽然在体系规划上也有缺陷，但却非常适合于作为某个领域内的法源研究的预备，因为它包含了非常丰富的法源素材。

上述所有的著作都没有对罗马法成果进行完整的阐述。

也可以将那些按照自己的方式对法源进行组织编排的作品算入此类著作，因为，它们并未包含任何属于自己的成果。

〔110〕路德维希·尤里乌斯·弗里德里希·赫普夫纳：《对海内丘斯〈法学阶梯〉的理论及实践性评注》，1783 年第 1 版，1787 年再版于美因河畔法兰克福。

〔111〕尤斯图斯·亨宁·伯默：《学说汇纂法导论》，修订第 14 版，1791 年由奥法诺特洛法埃出版于哈勒。

〔112〕约翰·奥古斯特·黑尔菲尔德：《按照〈潘得克吞〉体系编写的法院法学》（Jurisprudentia forensis secundum Pandectarum ordinem），1764 年出版于耶拿。这部著作在很多大学被用作教学手册，格吕克将其用作自己的《潘得克吞》的基础，其他学者也多次对其进行修订再版（例如：J.J.I. 施奈德先后于 1786 年、1790 年、1802 年对其予以修订再版；G.D. 厄尔策先后于 1787 年、1792 年对其进行修订再版。）萨维尼曾拥有 1787 年版的一本书，现已遗失，参见手稿：《国务与司法大臣萨维尼的藏书目录》（波恩大学图书馆）。克里斯托弗·弗里德里希·格吕克：《依据黑尔菲尔德的著作编写的〈潘得克吞〉详尽阐释》，1790 年之后由 J.J. 帕尔姆出版于埃尔朗根（到 1802 年为止出版了 6 卷，1871 年出版到第 68 卷，此后未继续出版。）

〔113〕尤里乌斯·弗里德里希·马尔布兰克：《按照〈学说汇纂〉体系撰写的罗马法原理》（2 卷本），1801—1802 年出版于蒂宾根。

〔114〕约翰·奥特汶·韦斯滕伯格：《按照〈法学阶梯〉体系撰写的法学原理，以及按照〈学说汇纂〉或〈潘得克吞〉体系撰写的法学原理》，载于韦斯滕伯格的《法学作品全集》第 1—2 卷，1746—1758 年由 J.G. 施密德出版于汉诺威。萨维尼收藏的《按照〈法学阶梯〉体系撰写的法学原理》（2 卷本）第 3 版（1766 年出版于莱顿）的一本书上包含了很多年代久远的手写注释；后来增加的第 3 卷包含更多的手写注释，参见波恩大学图书馆中的萨维尼藏书（986 以及 986/1）。

马法的一般阐述以及整个研究的基础。

注意：伯格（Berger）的《〈民法大全〉的复原》；波蒂埃（Pothier）的《新编优士丁尼学说汇纂》。

绝对的体系构建者，即按照自己的体系规划写作，这样的学者历来很少，大多数都饱受批评。

弗朗西斯科·康南（Connani）的《市民法评注》(在1550年前后出版，此后多次再版，1724年出版于那不勒斯，2卷本)。这部著作水平不差，但却是二流的，与后面那部著作相比，它是无足轻重的。

雨果·多勒鲁斯（Hugo Donellus）的《市民法评注》（28卷本，包括私法与程序法），包括如下版本：

1589—1590年在美因河畔法兰克福出版了前11卷，分
128 成两个部分。

1595—1597在同一地点出版了28卷完整版，分成五个部分，由斯奇皮奥·根蒂里斯编辑整理。

上述完整版经过根蒂里斯修订，1612年出版于汉诺威；1626年重印于美茵河畔法兰克福。

《雨果·多勒鲁斯作品全集》，B.F.佩莱格里尼整理汇编，1762—1770年出版于卢卡，总共16个部分，其中第1—6部分是《市民法评注》，对此，可参看哥廷根图书馆的

伯格（Berger）的《〈民法大全〉的复原——附森肯伯格的序言》，[115]该书的结构安排过于杂乱。更好一些的著作是波蒂埃（Pothier）的《新编优士丁尼学说汇纂》。[116]该书所包含的文献很少。

有些——但很少——著作选择了自己的体系规划，但大多数著作都非常拙劣，根本不值一读。

弗朗西斯科·康南（Connani）的《市民法评注》是最著名的作品之一，一直被沿用至今，[117]但却是二流的，与后面那部著作相比，它是无足轻重的。

最优秀同时几乎是唯一可用的著作是雨果·多勒鲁斯（Hugo Donellus）的《市民法评注》。该书总共有28卷，包含了一个完整的罗马私法体系。1589—1590年在美因河畔法兰克福出版了前11卷，分成两个部分；然后，1595—1597年在同一地点出版了28卷完整版，分成五个部分，此后又分别于1612年、1626年、1762—1770年（非常精彩）、1800年多次修订再版。[118]

〔115〕欧塞比乌斯·伯格：《〈民法大全〉的复原——附海因里希·克里斯蒂安·冯·森肯伯格的序言》（3卷本），1767—1768年由A.L.施特汀出版于法兰克福与里普西埃。

〔116〕罗伯特—约瑟夫·波蒂埃：《新编优士丁尼学说汇纂》（3卷本），1782年由伯努塞特与索西奥卢姆出版于里昂。

〔117〕弗朗西斯科·康南：《市民法评注》，1553年由J.科沃出版于巴黎；1724年由A.拉瓦诺出版于那不勒斯。

〔118〕雨果·多勒鲁斯：《市民法评注》，1589—1590年由韦希尔、马尼乌姆与奥布里出版于美因河畔法兰克福（两个部分，从1—11卷）；《市民法评注28卷本》，1595—1597年由同一出版者于同一地点（五个部分）；《市民法评注28卷本》，斯奇皮奥·根蒂里斯校订，1612年由J.奥布里出版于汉诺威，1626年由C.韦希尔重印于美茵河畔法兰克福；《雨果·多勒鲁斯作品全集》，B.F.佩莱格里尼整理汇编，1762—1770年出版于卢卡（16个部分）；《市民法评注》，德努校阅，J.Chr.科尼希编辑，1801年出版于纽伦堡（第1—2卷），科尼希去世之后，C.布赫尔继续编辑整理，1822—1834年拉斯普出版于纽伦堡（第3—20卷）。

目录第 11 页。[8]

《市民法评注》，科尼希编辑整理，1800 年在纽伦堡出版了第一部分（这个版本总共有 20 卷，质量很好，便于使用）。

该书是这种类型的著作中唯一可称得上优秀的。从某种意义上说，该书也是关于罗马法的著作中最好的一部——可以作为整个研究的基础，值得一读。它不但具有更高的可靠性，而且，只要稍加训练以便克服它的一些怪异之处，它就会比我们这个时代的新书更加通俗易懂，用起来更得心应手。它在这方面的重要价值几乎被完全忽视
129 从而没得到发挥。我们有些法学家，自己没有太多的观点，单纯地把这部著作当作观点储藏器加以利用，人们只是在需要从中寻找某种观点时才利用它。在这方面，有一本书相当糟糕：希利格（Hilliger）的《多勒鲁斯阐释》，1610 年、1613 年以两卷本出版于耶拿，此后多次再版，最终与［1762—1770 年］卢卡版的多勒鲁斯作品全集中的《市民法评注》一起出版发行。

多马（Domat）的《自然秩序中的民法》，1689 年出版于巴黎，此后多次再版（1713 年出版于巴黎），其主要内容

〔8〕这个图书目录是由萨维尼与魏兹共同制作的，参见施托尔：《弗里德里希·卡尔·冯·萨维尼：生平素描及其书信集》，第 1 卷：《青年萨维尼》，1927 年由海曼出版于柏林，第 243 页；另见 W. 费尔根特雷格（Felgentraeger）：《弗里德里希·卡尔·冯·萨维尼与 P.F. 魏兹的通信（1804—1807 年）》，载《萨维尼基金会法律史杂志（Zeitschrift der Savigny — Stiftung für Rechtsgeschichte）·罗马法卷》第 48 卷（1928 年），第 116 页、119—120 页、131 页、148 页。

从某种意义上说，该书是关于罗马法的著作中最优秀的一部，因为其他任何著作的体系规划都不如它。该书的体系十分出众，非常值得一读。

在很多人看来，这部著作要比晚近的著作难懂得多。这纯粹是一种偏 188
见。它固然有不少怪异之处需要加以克服，但只要稍加训练就可以消除这些障碍，使其更加可靠，也更加通俗易懂。其真正的价值几乎被完全忽视，人们只是在需要从中寻找某种观点时才利用它。

下面这部注释作品就是如此：希利格（Hilliger）：《多勒鲁斯阐释》，1710年*出版于耶拿。〔119〕

还有一部法体系著作，即多马（Domat）的《自然秩序中的民法》（les lois civiles dans leur ordre naturel）。〔120〕

该书的体系安排乏善可陈，所有的内容被划分为“债”[具体包括：(1)

* 萨维尼讲稿中写的出版年份是1610年，格林的笔记似乎有误。

〔119〕奥斯瓦尔德·希利格：《多勒鲁斯阐释——雨果·多勒鲁斯〈市民法评注〉纲要》，1610—1613年分成两部分出版于耶拿；最终与1762—1770年卢卡版的多勒鲁斯作品全集中的《市民法评注》一起出版发行。

〔120〕让·多马：《自然秩序中的民法》，1689—1697年分4卷出版于巴黎；1713年以单卷本出版于巴黎。

如下：

其一，债。具体包括：

（1）契约之债；

（2）非契约之债；

（3）债的加强，也包括时效与所有权；

（4）债的减弱。

其二，继承。

该书相当贫乏，而且经常显得很无知。我们之所以使用它，不是因为它是一本好书，而是因为多马是一个陌生的学者，他不会犯我们常犯的错误，从他的书中能够找到一些不同寻常的观点。

伯格（Berger）的《法院治理》（oeconomia forensis）水平较差，但它适用于法律实务工作者，而且有些著名法学家对其进行编辑修订，包括巴赫、温克勒（Winkler）、哈乌波德等，1801年的新版，出版于里普西埃。

霍法克的《罗马—日耳曼民法原理》，它的价值与缺陷——根本不值得信赖，不能用作研习的基础，而且，由于大部分内容不是由他自己完成的，所以这部著作的质量良莠不齐，少有精彩的内容，大部分都是汇编而成的，通常是相当拙劣的。

契约之债；（2）非契约之债；（3）债的加强，也包括时效与所有权；（4）债的减弱。］与“继承”两大部分。该书从总体上看相当贫乏，只有在以下这种情况下才被使用：对我们而言，多马是一个全然陌生的学者，所以能够在他的书中找到一些不同寻常的观点。［但他］经常表现得很无知。

伯格（Berger）的《法院治理》(oeconomia forensis）仅适用于法律实务工作者，在理论研究方面相当拙劣。有些著名法学家对其进行编辑修订，包括巴赫、温克勒（Winkler)、哈乌波德等。〔121〕霍法克的《罗马—日耳曼民法原理》。〔122〕毋庸置疑，这部著作很有价值。然而，一方面由于其体系规划——它向我们提供的并非纯粹的罗马法体系，而是包含所有现行法的体系，另一方面由于霍法克的去世，所以该书的质量良莠不齐，不适合于用作研习法律的基础。

〔121〕约翰·海因里希·冯·伯格（Berger)：《法院治理》，第 8 版，1801 年由魏德曼尼亚那出版于里普西埃。

〔122〕卡尔·克里斯托弗·霍法克：《罗马—日耳曼民法原理》(Principia iuris civilis Romano — Germanici）(3 卷本，附索引），1788—1801 年出版于蒂宾根。

（二）体系的某一部分

这种著作很难识别。可以分为两种类型：其一，对某个领域的法律进行研究的著作；其二，对某个问题进行研究的著作。第二种著作非常分散，包括“观察”之类的论著，它们是最难以查找的，对此，可以利用里彭尼乌斯的《法律书典》。

130 对于上述两种类型的著作，尤其重要的是博士学位论文〔9〕——需要一定的辅助手段，以免迷失于汗牛充栋的文献之中。人们试图快速阅览某一个大部头的汇编作品，藉此概括出关于哪些文献是有用的、哪些文献是没用的法则，这样的法则当然不可能是普遍有效的。

霍法克的《罗马—日耳曼民法原理》贡献给我们一个最好的文献索引，这也是该书最闪光的一面。关于文献摘录的建议。

〔9〕在波恩大学图书馆保存的萨维尼藏书中，总共有6036部著作，其中大约有4/5属于法学博士学位论文，参见H.P. 韦伯：《波恩大学图书馆中的弗里德里希·卡尔·冯·萨维尼藏书》，1971年出版于波恩，第59—60页。此外，在马堡大学图书馆的“萨维尼遗物”中，还有142篇17—18世纪的法学博士学位论文。

（二）对体系的某一部分进行研究的著作

1. 对某个领域的法律进行研究的著作

从一般的书目学著作中可以了解到这方面的书籍信息。

2. 对某个问题进行研究的著作

这方面的著作非常分散。

对于上述两种类型的著作，我们不应该忽略相关的博士学位论文（Dissertazion），掌握这方面的信息是非常必要的，但同时也是非常困难的。

目前［在这方面］缺乏一个合适的文献索引。人们试图快速阅览某个著 189
名的汇编作品，借此概括出一些规则。正因为如此，人们才会觉得 17 世纪的那些博士学位论文毫无用处。

霍法克的《罗马—日耳曼民法原理》贡献给我们一个最好的文献索引，这也是该书最闪光的一面。[123]

［123］卡尔·克里斯托弗·霍法克：《罗马—日耳曼民法原理》（Principia iuris civilis Romano – Germanici）（3 卷本，附索引），1788—1801 年出版于蒂宾根，第 46—68 页：罗马—日耳曼法的一般文献。

第二节　刑法领域的著作

格鲁伯（Gruber）的《德意志刑法与采邑法（Lehnrechts）文献》，1788年由魏德曼出版于法兰克福与莱比锡。该书的水平不敢恭维。

比较好的著作是布吕姆纳（Blümner）的《刑法文献》（Literatur des peinlichen Rechts），1794年出版于莱比锡。

一、关于刑法解释的著作

（一）关于罗马刑法之解释的著作

（二）德意志刑法（《卡洛林那刑法典》）

1. 考证性的著作：科赫的《卡尔五世皇帝与神圣罗马帝国的刑事司法制度》，为何不依据原始文献？

2. 解释性的著作：伯默的《卡洛林那刑法典思考》，

第二节　刑法领域的著作

除了一般书目学著作（参见边码 179—180）之外，还有一些专门针对刑法的书目学著作。格鲁伯（Gruber）的《德意志刑法与采邑法（Lehnrechts）文献》。[124]该书有很多缺陷。

比较好的著作是布吕姆纳（Blümner）的《刑法文献》(Literatur des peinlichen Rechts)(1794 年版)。[125]作为法学的另一个组成部分，刑法学更多地以各种互相独立的法源为基础，比如，德意志法与罗马法，二者皆自成一体，而且几乎总是以同样的事项为调整对象。因此迄今为止人们一直在犯这样的错误：没有对这些法源进行区分。而如果不进行这样的区分，就不可能产生深刻的刑法研究成果。

刑法著作也可以划分为关于解释的著作、关于历史的著作以及关于体系的著作。

一、关于刑法解释的著作

（一）关于罗马刑法之解释的著作

几乎没有任何这方面的著作。只能在罗马私法中寻找罗马刑法的解释，因为根本就没有从罗马私法中分离出刑法。

（二）德意志刑法

德意志刑法的主要法源是《卡洛林那刑法典》，由于它的篇幅较小，所以迄今已出版了很多注释作品。其中最著名的是伯默的《卡洛林那刑法典思

〔124〕约翰·西格蒙德·格鲁伯:《德意志刑法与采邑法文献》，1788 年由魏德曼出版于法兰克福—莱比锡。

〔125〕海因里希·布吕姆纳:《刑法文献的体系化概览》，1794 年由格里斯哈默出版于莱比锡。

但其内容并非真正意义上的解释；稍好一些的是克雷
斯（Kress）的《卡尔五世大帝的刑法典评注》；契里茨
（Ziriz）的《卡尔五世大帝刑法典的注释与研究》，这本书
很有用——早期的注释更有价值，因为在时间上更接近于
131 立法的那个时代；瓦尔赫（Walchii）的《以卡洛林那刑法
典为解释对象的日耳曼注释》，1790 年出版于耶拿，该书的
开头有一个很长的序言。

二、关于刑法史的著作

（一）罗马刑法史

我国的刑法学家对此一无所知。外部刑法史包含于一般外部法律史之中，内部刑法史包含于古文献学之中（《法学阶梯》第 4 卷第 18 题“公诉”）——最优秀的成果皆出自语文学家之手。

第一个历史时期：

［从罗马建邦开始］一直到建邦后的第 604 年［即公元前 149 年］［当年制定了《关于搜刮钱财罪的坎布尔尼亚法》（Lex Calpurnia de repetundis）］。《十二表法》中有一些关于犯罪与刑罚的条款，除此之外没有别的规定，因此，司法权在当时很重要。这个时期的法律很不稳定，与罗马国家史的整体具有密切关联。

考》(Meditationes in Constitutionem Criminalem Carolinam)，但其内容并非真正意义上的解释。[126]稍好一些的是克雷斯（Kress）的著作。[127]比这更好的是一些早期著作，尤其是契里茨（Ziriz）[128]与雷姆斯（Remus）[129]等人的著作。瓦尔赫（Walchii）的《以卡洛林那刑法典为解释对象的日耳曼注释》，1790年出版于耶拿。[130] 190

科赫已经在文本考证方面下了很多功夫，[131]但是他本来应该更多地依据原始文献，而他却几乎完全依赖以往的《卡洛林那刑法典》版本。

二、关于刑法史的著作

（一）罗马刑法史

我国的刑法学家对此毫无研究，最优秀的成果皆出自语文学家之手。在外部法律史方面，刑法与民法同步。在内部法律史方面，很多著作包含刑法史，如海内丘斯的《罗马法学的古文献汇编》。[132]

不同时期的著作有所差别。

第一个历史时期：

---

〔126〕约翰·萨缪尔·弗里德里希·冯·伯默：《卡洛林那刑法典思考》，1770年由哥鲍尔出版于哈勒。

〔127〕约翰·保罗·克雷斯：《卡尔五世大帝的刑法典评注》，1721年由福尔斯特出版于汉诺威。

〔128〕B. 契里茨：《卡尔五世大帝刑法典的注释与研究》，1622年由达恩、奥布里奥斯与施莱希乌姆出版于美因河畔法兰克福。

〔129〕格奥尔格·雷姆斯：《卡尔五世大帝关于死罪的法律》，1600年由科维努斯出版。

〔130〕Chr.G 瓦尔赫：《以卡洛林那刑法典为解释对象的日耳曼注释》，1790年出版于耶拿（波恩大学图书馆中的萨维尼藏书，第2109号）。

〔131〕约翰·克里斯托弗·科赫整理：《卡尔五世皇帝与神圣罗马帝国的刑事司法制度》，第4版，1787年由克里格出版于基森。

〔132〕约翰·哥特里伯·海内丘斯：《罗马法学的古文献汇编》，第5版，1777年由查尔莫特、D. 洛马出版于列奥瓦迪埃与弗兰勒奎埃。

相关的著作，参见《日记》第 1 卷，第 222 页。

从罗马建邦开始一直到建邦后的第604年，即公元前149年［当年制定了《关于搜刮钱财罪的坎布尔尼亚法》（Lex Calpurnia de repetundis）］，罗马人很少制定刑法。在这种情况下，裁判官的职权当然是最重要的，因为只有司法权对人们予以精确的规定。在这期间充满了黑暗。关于第一个历史时期的著作包括：

希格尼乌斯的《罗马人的古法》。[133]其中的“市民法”部分的第2卷第18章以及“审判”部分的第2卷第3章。

斯奇皮奥·根提里斯的《罗马公法研究》，载于其《作品全集》第1卷。[134]

范·德·胡普（Hoop）的《罗马古时刑事审判研究》（1723年版）。[135]

马丁（Madihn）的《罗马刑事审判的变迁》（1772年版，似乎未继续出版）。[136]

托尔（Toll）的《关于罗马各个时期死罪审判的语文学博士学位论文》（1777年版）。[137]

F. 萨克斯（Sax）的《论罗马公共审判程序》（1784年版），[138]该书非常 191
肤浅（前引巴赫著作，第100页）。

海涅（Heyne）的《罗马—希腊公共审判的理论与程序》（1788年

［133］C. 希格尼乌斯：《罗马人的古法九卷本》（第一个完整版1574年由波农出版于波伦亚），被收录于1732—1737年出版的《希格尼乌斯作品全集》（6卷本）的第5卷，附有L.A. 穆拉托里编写的注释于生平介绍。参见《萨维尼日记》第2卷，第106—130页：希格尼乌斯《古法》的出版简史、内容介绍；波恩大学图书馆中的萨维尼藏书第400号：C. 希格尼乌斯：《罗马人的古法》，1715—1718年出版于哈勒（两卷本），1750年重印于哈勒。

［134］斯奇皮奥·根提里斯：《罗马人的公法研究》，载于其《作品全集》，J. 格拉维尔于1763—1769年汇编出版于那布勒斯，第1卷，第267—363页。

［135］阿德里安·范·德·胡普：《罗马古时刑事审判研究》（1723年版），被收录于梅尔曼的《新编市民法与教会法宝典》，第8卷，第605—635页。

［136］路德维希·哥特弗雷德·马丁：《关于恺撒时代之前的罗马刑事审判变迁之研究》，1772年由亨德尔出版于哈勒。

［137］海尔曼·托尔：《关于罗马各个时期死罪审判的语文学博士学位论文》，1777年由J. 摩彦出版于哈德维奇。

［138］弗里德里希·萨克斯：《论罗马公共审判程序》，1784年出版于莱茵河畔的特拉耶克蒂。

第二个历史时期：

常设刑事法庭（quaestiones perpetuae）诞生了，它的概念。针对某种犯罪（公诉）制定一部专门的法律，因此，对各个法律进行［单独的］研究是非常重要的。这个历史时期止于奥古斯都时代。

前面提到的希格尼乌斯的《罗马人的古法》也是涉及这个时期的主要著作。

对各个法律进行出色的研究。

关于《法学阶梯》第 4 卷第 18 题的注释作品。

第三个历史时期：

帝政初期对共和国时期刑法的改革。司法程序被简化（D.1.12.1，pr.）。刑事庭审惯例与以往大相径庭，从总体上看，刑罚比以往严厉得多。“非常公犯”，以前大部分犯罪都只是由私法进行规范。这个历史时期的终点是古典法学时代。

《潘得克吞》第 47 卷与第 48 卷；保罗《论点集》的第 5 卷（如果其文本是可信的话）。关于这个时期的研究成果很少，舒尔廷对保罗作品的相关注释贡献了大部分成果。

132 第四个历史时期：

皇帝发布的敕令，基督教的影响。

《法典》第 9 卷。

版）。[139]

第二个历史时期：

罗马建邦后第604年制定了《关于搜刮钱财罪的坎布尔尼亚法》。当时普遍的做法是针对特定的犯罪制定一部专门的法律——常设刑事法庭（quaestiones perpetuae）诞生了——例如，《关于叛逆罪（crimen laesae majestatis）的尤利法》。因此，我们最好应该对各个法律进行单独的研究。这个历史时期止于奥古斯都时代。

前面提到的希格尼乌斯的著作也涉及这个时期。

关于《法学阶梯》第4卷第18题"公诉"（publicis iudiciis）的注释作品。

对单个法律进行研究的著作。

第三个历史时期：

整个罗马早期的刑法都建立在共和国宪制的基础之上。因此，[帝政时期的] 皇帝们自然要对其进行改革。到公元三世纪初，这种改革宣告完成，司法程序被大大简化（D.1.12.1，pr.）。

在庭审惯例中，刑罚变得异常严厉。有些原来由私法进行规范的行为现在进入刑法领域，如大多数盗窃行为。这个时期出现了"非常公犯"，那些原来只适用私人赔偿的犯罪，现在也需要处以刑罚。

只有借助于那些涉及庭审惯例的法学论著才能了解这些新的状况，尤其是保罗《论点集》的第5卷。从总体上看，关于这个时期的研究成果是最少的，其中最出色的是舒尔廷对保罗作品的相关注释。[140]

《学说汇纂》第47卷与48卷。

第四个历史时期：

---

〔139〕克里斯蒂安·哥特里伯·海涅：《罗马—希腊公共审判的理论与程序》，被收录于《短篇学术著作集》（6卷本），1785—1796年由迪特里希出版于哥廷根，其中的第4卷第49—75页以及第3卷第184—197页。

〔140〕安东尼乌斯·舒尔廷：《前优士丁尼时代的法学》，1717年由林登出版于莱顿，第211—536页。

《狄奥多西法典》第 9 卷——哥特弗雷德的注释包含了其中的大部分内容。

第五个历史时期：

优士丁尼的法律汇编产生了一个非常罕见的古今制度混合体，我们必须对其进行历史区分，易言之，必须探究：哪些法律应该而且能够在这个领域发生效力？我们大多数法学家都毫无争议地把优士丁尼法律汇编中所有的刑法规范看作是同一时代的而且同等有效的法律。

关于《学说汇纂》与《法典》的注释作品（参见前述关于民法的著作［即边码 120—121］）。

安东 · 马塔乌斯（Mathaeus）的《对〈学说汇纂〉第 47—48 卷的刑法注释》——对法源进行编排，在这方面具有较高的使用价值，尽管并不见得比其他著作更好。

（二）德意志刑法史

1.《卡洛林那刑法典》之前的德意志刑法史，尤其是该法典本身的历史

德意志刑法史的所有内容都涉及罗马法的继受、参审官法院（Schöffengerichte）以及马克西米安与卡尔的统治。

马尔布兰克（Malblank）的《卡尔五世皇帝的刑事司法制度的历史》（1783 年出版于纽伦堡）。该书包含了很多

从这个时期开始，罗马诸皇帝发布的敕令（Konstituzion）使刑法得以进一步发展。基督教的影响至关重要。主要法源包括：

《法典》第 9 卷与《狄奥多西法典》第 9 卷。

关于这个时期最优秀的研究成果是哥特弗雷德对《狄奥多西法典》第 9 192
卷的注释。[141]

第五个历史时期：

优士丁尼对以往的法律进行汇编，由此产生了一个非常罕见的古今制度混合体。我们必须对其进行仔细的区分：哪些属于以往的法律，哪些属于在优士丁尼时代的实践中有效的法律。

几乎没有任何关于这个时期刑法的著作。大多数学者都毫无争议地把优士丁尼法律汇编中所有的刑法规范看作是同一时代的而且是同等有效的法律。

关于《潘得克吞》第 47—48 卷的注释作品；关于《优士丁尼法典》第 9 卷的注释作品。

安东·马塔乌斯（Mathaeus）的《对〈学说汇纂〉第 47—48 卷的刑法注释》有一定特色。[142]

（二）德意志刑法

1.《卡洛林那刑法典》之前的德意志刑法以及该法典本身的历史

对于这个时期德意志刑法的发展而言，至关重要的是参审官法院（Schöffengerichte）以及受罗马法影响之法典化，尤其应归功于马克西米安一世（Maximilian Ⅰ.）与卡尔五世（Karl V.）的统治史。

除了一般性的著作之外，专门的著作有马尔布兰克（Malblank）的《卡

---

〔141〕雅各布·哥特弗雷德：《狄奥多西法典》（6 卷本），1665 年由胡古尔坦与拉瓦乌德出版于里昂。

〔142〕安东·马塔乌斯：《对〈学说汇纂〉第 47—48 卷的刑法注释》，第 1 版，1644 年由 J. 韦斯伯格出版于莱茵河畔特拉耶克蒂。

有价值的资料，但缺乏思想，枯燥无味，并非一部历史著作，不过仍然值得一读。

2.《卡洛林那刑法典》之后的德意志刑法史

主要是庭审惯例史，与文献史关系密切。此种研究的难度极大，人们迄今毫无作为。

三、关于刑法体系的著作

有些是前面提到的关于《潘得克吞》与《卡洛林那刑法典》的注释，有些属于真正的体系。从总体上看，这些著作还很粗糙，凌乱不堪，与罗马私法方面的著作没法比，后者很有条理——在这方面应当感谢古罗马的法学家，他们值得尊敬。人们在从事这种研究的时候，不是太用心，希望快速地通读资料，以便形成自己的观点。需要争取获
133 得以下两种成果：第一，历史区分，这是目前普遍欠缺的；第二，[刑法]总则中的简练的体系化观点，在这个领域，观点不应该是孤立的。

意大利法学家的刑法著作，大多数都没什么用。奎斯托尔普（Quistorp）的《德意志刑法原理》非常鄙陋。克莱因施罗德（Kleinschrod）的著作（参见边码 113）。最优秀的依然是梅斯特（Meister）的《刑法原理》（实践性的）与

尔五世皇帝的刑事司法制度的历史》(1783年版)。该书值得一读,包含了很多有价值的资料,但它并非一部历史著作。[143]

2.《卡洛林那刑法典》之后的德意志刑法

这个时期刑法上的所有变化都根源于庭审惯例,因此,对庭审惯例的历史进行研究是十分必要的。然而,只有与文献史相联系才有可能进行此种研究,因此,这是相当困难的。

三、关于刑法体系的著作

前面(参见边码186以下)提到的那些关于《潘得克吞》《法典》的注释以及关于《卡洛林那刑法典》的注释属于这方面的著作。

按照自己的规划撰写的体系性著作更为重要。刑法领域内的这种著作比民法领域更常见。然而,从总体上看,这些著作仍然很不完善。我们需要通读最优秀的著作,以便获得一个自己的体系梗概。历史上流传下来的法源总是被混在一起。关于难度最大的所谓总则(allgemeinen Theils)的研究成果依然很不科学,因此我们很有必要去寻求自己的观点。

绝大多数体系性著作皆出自意大利法学家之手,但这些著作并无太大的 193
利用价值。这些著作大都诞生于1750—1760年之间。贝卡里亚(Bekkaria)

〔143〕尤里乌斯·弗里德里希·马尔布兰克:《卡尔五世皇帝的刑事司法制度史——其诞生及其后来的命运》,1783年由格拉滕豪尔出版于纽伦堡。

费尔巴哈的《刑法教科书》(第 2 版)。

的研究成果。[144]

克雷曼尼《刑法学三卷本》。[145]

雷纳济（Renazzi）的《刑法学基础》。[146]

巴罗内蒂（Baronetti）的《理论—实践性刑法阶梯》(Institutiones theorico — practicae criminales)。[147]

这三本书大部分都没什么用。德国的刑法著作数量颇多，其中绝大多数都是拙劣的《纲要》(Kompendien)。

奎斯托尔普（Quistorp）的《德意志刑法原理》[148]毫无学术价值，只不过是一部思想贫乏的汇编作品而已，在实务界比较流行。

克莱因施罗德（Kleinschrod）关于刑法总论的研究成果，对此，我们在前面已经作了批判（参见边码 170）。

能称得上佳作的只有两部：

梅斯特（Meister）的《刑法原理》，[149]该书虽然少有创新，但对通说的

---

[144] 策扎雷·贝卡里亚：《犯罪与刑罚》，霍默尔翻译并注释，1778 年由 J.F 科恩出版于布雷斯劳，第 20—25 页，第 4 题"关于法律的解释"中的一话："法官也无权解释刑法，因为他不是立法者。"（第 20 页）萨维尼还收藏了一本 1798 年维也纳版的贝卡里亚《犯罪与刑罚》。

[145] 阿洛伊·克雷曼尼（Cremani）：《刑法学三卷本》（第 1 卷），1791—1793 年由伽勒阿蒂出版于帕维亚，第 243 页。

[146] F.M. 雷纳济：《刑法学基础》(Elementa juris criminalis)（3 卷本），1778—1781 年由萨洛蒙尼出版于罗马。

[147] 确实存在这本书，威廉·格林的笔记［柏林国家图书馆"普鲁士文化遗产"收藏的弗里德里希·卡尔·冯·萨维尼《法学研究指南（1802—1803 年讲授）——威廉·格林笔记》，第 118 页］证实了这一点。但不存在名叫巴罗内蒂（Baronetti）的刑法学家。在听课过程中，雅各布·格林可能误解了萨维尼用意大利语说出的人名。我斗胆猜测，这本书的作者是 J.M. 帕奥勒蒂（Paoletti），该书 1790—1791 年由梵托西尼出版于佛罗伦萨。

[148] 约翰·克里斯蒂安·爱德伦·奎斯托尔普：《德意志刑法原理》，增订第 5 版，1794 年由施蒂勒出版于罗斯托克—莱比锡。

[149] 格奥尔格·雅各布·弗里德里希·梅斯特：《日耳曼普通刑法原理》，第 4 版，1802 年由迪特里希出版于哥廷根。在 1800/1801 年的课程中，萨维尼使用了该书的第 3 版，参见马堡大学冬季学期（1800 年 10 月 24 日至 1801 年复活节）萨维尼课程目录，第 5 页："萨维尼博士依据梅斯特《刑法原理》（第 3 版，1799 年，哥廷根）所作的刑法学公开授课。"施托尔在《弗里德里希·卡尔·冯·萨维尼：生平素描及其书信集》第 1 卷第 165 页的脚注 4 中对此作了错误的记载。在 1796/1797 年的冬季学期，萨维尼曾在哥廷根大学听过梅斯特的课，对此可参看马堡大学图书馆收藏的"萨维尼的学术遗物"之《萨维尼关于梅斯特刑法课程的笔记》（1796/1797 年冬季学期）。

关于最新的刑法学文献，可以参阅：格罗尔曼（Grolmann）、阿尔门丁根（Almendingen）与费尔巴哈主编的《刑法文库》（已停刊）；克莱因（Klein）、克莱因施罗德与科诺帕克（Konopak）主编的《刑法档案》。

阐述简明易懂。

费尔巴哈的《刑法教科书》[150]是最优秀的刑法著作，直至今日依然杰出，但也并非完美无缺（参见边码 170）。

要想阅读最新的刑法学文献，可以利用以下两个期刊：

格罗尔曼（Grolmann）、阿尔门丁根（Almendingen）与费尔巴哈主编的《刑法文库》，[151]这是比较好的期刊。

克莱因（Klein）、克莱因施罗德与科诺帕克（Konopak）主编的《刑法档案》。[152] 194

〔150〕保罗·约翰·安塞尔姆·冯·费尔巴哈：《德国普通刑法教科书》（Lehrbuch des gemeinen in Deutschland geltenden Peinlichen Rechts），1801 年由格奥尔格·弗里德里希·海耶出版于基森。该书第 373 题是“具有危险性的盗窃”，其中第 294—295 页写道：“它是指这种盗窃：盗窃行为的方式本身要么表现出一种特殊的具有危险性的违法意志，要么导致对他人造成身体伤害的危险。可以区分为两种情形：1. 客观危险性，即盗窃行为的方式让人担心会伤害他人的身体；2. 主观危险性，即从盗窃行为的方式可以知悉行为人具有一种特殊的危险的违法意志。”

〔151〕卡尔·冯·格罗尔曼主编：《刑法文库》，第 1 卷，1799 年由新学术书店出版；第 2 卷，由路德维希·阿舍尔·冯·阿尔门丁根、卡尔·冯·格罗尔曼与保罗·约翰内斯·安塞尔姆·冯·费尔巴哈主编，1800 年由施罗德出版于哥廷根。此后未继续出版。

〔152〕恩斯特·费迪南德·克莱因、加鲁斯·阿洛伊斯·克莱因施罗德与克里斯蒂安·哥特里伯·科诺帕克主编：《刑法档案》，1798 年由赫默德与施韦彻克出版于哈勒。

第三部分　法学的学院性研究方法

一、书籍印刷术的发达对大学的影响

起初，学院教学与科学研究基本上是同一回事。[大学]对法律科学知识的垄断，恰如“得为裁判之法学院”(Spruchkollegien)。自从图书印刷术问世之后，情况大不一样，现在所有的东西都被印刷出来以供阅读。因此，大学不再像以往那样受人尊崇，不再是那么不可或缺的，甚至在很多人看来，它是完全不必要的。大学的学习只是一种传统习俗吗？或者只是一种消遣吗？

134 大学丧失上述垄断地位反而使自己赢得一个独特的领地。

二、大学教学的目标

假如没有大学，该如何研习？为了实现学术研究的各种可能的目的，我们必须形成属于自己的独立的学术观点，

第三部分　法学的学院性研究方法

一、书籍印刷术的发达对大学的影响

在中世纪，科学研究与学院教学是同一回事。然而，在晚近的时代，尤其在图书印刷术问世之后，情况发生了巨大的变化。因为从那以后，从学校课堂里能听到的所有东西几乎都可以在书本上读到，大学不再像以往那样受人尊崇了，“得为裁判之法学院”（Spruchkollegien）也是如此，因为他们现在已经不再垄断法律科学知识。

有人据此断言，大学现在已经变成可有可无的东西。但是，我们也可以反过来说，大学丧失上述垄断地位反而使自己赢得一个独特的领地。为了实现研究性大学学习的目的，必须在大学学习结束的时候，使学生形成属于自己的独立的学术观点，唯有如此，他将来才能自由地进行学术研究。其实，研究性的大学学习始终是不可或缺的。与此相反，有一种非常流行的偏见：学者的研习与实务工作者的学习截然不同。这种偏见借助于实务工作者对其死板的业务惯例的自豪感得以蔓延与维系。但这样的误解很容易消除。

二、大学教学的目标

假如没有学校教育，能达到科学研习——无论是实务工作者的学习还是真正的学者的研习——的目的吗？

这种目的固然有可能实现，但由于困难重重，其可能性必定很小。每个只有这样，我们才能自由地进行学术研究。人们普遍怀有这样的偏见：从实践的角度看，学者是无能的。死板的业务惯例与学者的风格是相对立的。每个人都有精神惰性（geistig Trägheit），这是规律。因此，单纯地依靠书本进行学习绝不可能形成自由的属于自己的学术观点，只会使用穆勒的《新法学简明手册》或者自己成为一个穆勒式的学者——这取决于他是不是博学多识的。

为什么这种研习方法是错误的？原因有两个方面。其一，消极原因：没有培养自主思考的能力；其二，积极原因：因为初学者在学习的过程所遇到的巨大困难——尤其是汗牛充栋的书籍——而产生的迷惘。

大学的任务：通过有计划的学业训练以及通过祛除大量的错误方法——人们需要借助于长期的经验才能摆脱这些错误——培养［学生］进行自由、独立的学术研究的能力。这样的任务只有借助于教师的传授活动才能完成。

据此，可以区分由书籍作者进行的教育和由教授进行的教育，二者都是从人类教育的一般法则中推导出来的。

学院性研习的目标：为法学的绝对性研究与文献性研究做好准备，使其能够以最自由的方式继续下去——我们应该追求并且获得最好的学术成果。检验［这个目标是否实现］：正确地把某个学科与其他学科联系起来——一般的文献修养（对此，存在正确与错误的理解）。很多学者关于人或多或少都有精神惰性（geistig Trägheit），只关注那些最先提供给他们的东西。如果某人不听课，只是一味地从书本上获取知识，借此进行自学，那么，他很可能只会死板地遵循自己偶然接触到的知识，接受他人的思想，在这个过程中，他几乎是完全被动的，不可能形成自由的学术观点。特别是初学者在学习的过程中经常遇到一些仅凭一己之力难以克服的困难，此时，他必须求教于某一个博览群书，已经对整个法学进行深入透彻研习并且在学术上已臻于完善的学者。

上述两方面的困难都可以借助于学院式的研习得以消除。首先，通过口头教学可以弥补学生在有计划的自主思考训练方面的缺陷。其次，也可以克服由大量针对同一种研究对象的书籍所带来的诸多阅读困难。

如何检验大学的教学是否达到预期目的？这取决于以下两个方面： 195

（1）各个学科之间存在自然的内在关联，如果教学是自由的（它必须是自由的），就能够对此种关联获得精确的认识。

（2）同样，教学应该揭示本学科与其他学科之间的矛盾之处。

任何自由的研习都导向深厚的文献修养（literarische Kultur）。

关于大学，人们有一种明显错误的观念，把理论性的教育与实践性的教育对立起来，据此，大学教育的目标被确定为：尽可能简明扼要地传授那些最为单调贫乏（最必需）的知识。借助于书籍，这个目标显然更容易实现。然而，大学教育真正的目标应该是：引导我们进行科学研习，使我们对科学的任何领域都不再陌生，或者至少使我们具备这样的能力，即能够以最容易而又最深刻透彻的方式去掌握我们所欠缺的知识。

把上述理论运用于法学的学院性研习，其目标应该定位为：引导学生掌握法学领域内的所有东西。譬如，关于绝对法学研究，[在接受大学教育之后] 我们应该熟练掌握法的解释、历史与体系，也就是说，要么已经了然于胸，要么至少自己能够弄清楚在哪儿可以学到更多的东西。

大学的见解都很拙劣（霍夫鲍尔）。[10]

三、把上述理论运用于法学

上述理论运用于法学（《日记》第457页）。[11]解释、历史、体系；文献。在研习过程中获得更稳固、更可靠的观点，最终不至于没掌握某些重要的东西而且不知道
135 通过何种途径才能够学到它们。这难道不可能吗？如果我们坚决地省略所有无关紧要的东西，那么，这是完全可能的——不仅能够节省很多时间，而且还能显著地提高学生的听课效果（举例）。

学院性研习的成果：学院性研习必须达到这种境界，即能够直接转向自己的学术研究，就如直接转向职业生涯那样。就此而论，学术性的研习与其他研习并无差别。甚至每一个学生都会很乐意从事教学，假如这不用太费事的话。

四、现行大学体制下的法学研习

我们的大学本来也是如此定位的，而不是以传授直接的纯粹的必需知识为目的，这可以从各个学科繁杂的课程

〔10〕J.C. 霍夫鲍尔：《教育的各个时期》，1800年由施依格出版于莱比锡。

〔11〕《萨维尼日记》第1卷，第457—461页：民法课程计划。

三、法学课程计划

为此，需要探讨一下法学课程计划。

所有的课程应当划分为：

第一类课程

必须开设一门法源导论（Einleitung in die Quellen），这样可以使学生熟知法源。只有在历史的进程中才能掌握这方面的知识，所以应当开设法律史课程，而且其中应当包含完整的法源学（Quellenkunde）。

第二类课程

包括关于法源研究成果的知识，即体系。不能只把体系视为一种证明，而是应该把它作为一种有创造性的东西加以阐述。有必要把体系与解释联系起来，这样，任何时候都可以在解释中清晰地观察到一个体系。为此，并不要求毫无遗漏地掌握所有的资料，只需要掌握足以用来对所有的问题继续进行研究的资料就行了。这看起来似乎是不可能的，但实际上却是完全有可能的。我们只要想一想，通过节约以及避免讲授那些无关紧要的东西能够给学生节省很多时间与精力。越简短的讲授往往包含越多有用的知识。

四、现行大学体制下的法学研习 196

然而，我们的大学目前缺乏这样的体制。总的来看，我们的大学虽然也预设了这样的目标，但却没有选择恰当的手段以便顺利地实现该目标，大多数课程讲授的东西都比不上同等价格的白纸黑字的书籍所提供的东西。尽管如此，人们看来仍然期望一门大学课程的用处大于一本在内容上甚至比它更好的书，虽然在内容上不如这本书，但课程在其他方面却具备优势。

内容中得到印证——如果只学习那些必需知识，一年的时间还嫌太长。

然而，其手段却明显有误。讲课的所有方式都是如此设计的：教师领着学生，他讲什么，学生就学什么。即便讲课的方式是好的，也比不上经过加工修饰将其内容印制成书进行阅读。

学生对于大学的普遍的自然的观念是隐含地以书本以外的某种东西为前提的，这种东西并不一定比书本的内容更好，因为它完全不依赖于教师的个人名望。课程的价格更高，人们期望在听课的过程中能够得到关于整个法学研究及其文献的充分指导，而一本书只不过是众多科学研究成果中的一项而已。这种指导究竟是什么呢？在我们能够学到的所有东西之中，方法是最有价值的。在书籍中，读者必须以人为的方式去提炼这种方法，而在听课的时候，可以期望教师直接向我们传授此种方法。然而，按照目前的教学方式，听课与看书显然没什么两样，除非借助于［师生之间］亲密的个人关系以及可能的反应，我们在听课的过程中同样也需要以人为的方式去提炼方法。

易言之，我们的大学在这方面应当改进，我们应当对此予以重视。

目前我们的课程几乎都是以体系化的方式讲授，历史与解释只是附随于体系的东西而已。因此，学生必须尝试这指的是什么呢?

任何一本书都只不过是众多科学研究成果中的一项而已。大学课程则不同，它绝不是这样的成果。大学课程不需要创新，其功用毋宁在于直接引导学生研习科学及其文献。

这种区别是如何产生的?

毫无疑问，每一个信息，即书籍或课程所包含的最好的东西是创新方法(Methode der Erfindung)，是最重要的。这种方法在各种形式的信息中都能找到。然而，在书籍中，读者必须首先通过某种人为的程序去探寻、提炼这种方法，这固然是可能的，但难度很大。与此不同，大学课程可以直接把此种方法传授给学生。

由此可见，大学课程绝对是不可或缺的。但由于我们的课程［目前］并不是如此定位的，所以我们必须对此予以构想，使其按照与现实状况——听课几乎与书籍的研习一样困难——不同的方式运作。

把上述一般原理运用于法学研习必须以如下规则为前提:

“这种研习包括解释、历史与体系三个部分。”对这三个部分应当分别进行讲授。然而，目前的大学课程几乎仅限于讲述体系(即法源研究成果)，因此，学生也只能按照同样的方式，主要利用课程学习体系方法，并将其与自己的法律解释联系起来。在这个过程中，学生与其说直接地接受、信任讲课的内容，还不如说是在检验讲课内容。

从中学到体系的一般方法，同时学习解释的方法——当然，不仅仅是学习与信赖，而且还要对其进行检验，探究教师是如何发现规则的。

五、辅助手段

课前的准备——彻底的法源研究，更确切地说，不是查阅可资引证的东西——如果是这样的话，一部真正意义上的引文选集就足够了——而是进行一般性的法源研究。注意，胡果的潘得克吞课程——与他的《选文集》相结合——就是这么计划的。[然而，]人们习惯于快速阅读，
136 并且作一些摘录。上述方法是唯一能够形成自己观点的方法，因为，运用其他方法不可能进行更自由的解释。

在听课的过程中：根据以上述方法形成的自己的观点，[对课程的内容]进行检验，探寻教师形成观点的方法——不仅仅检验单个的规则，而且还要进行整体概括，并对该整体进行检验。

就讲课而言，最无关紧要的是那些便捷的逻辑手段（定义、划分、图表），它们不同于创新方法——人们不学习这样的方法，而是尽量回避它。

1803 年 3 月 1 日结束。

五、辅助手段

利用课程进行研习的辅助手段：

（1）课前的准备

如同其他领域，法源研究在此也是最好的辅助手段。以下方法似乎是最佳的：参阅可资证明的段落并将其与待证明的规范相对照。不过，这种做法只有在以下情况中才是可行的：引证是有计划的、完整的，其中不应该包含无关紧要的废话，也不应该遗漏重要的东西。然而，这种情形非常少见，没有任何书籍或课程曾经这样做过。人们更愿意学会快速地通读法源，并且不遗漏重要的东西，这些东西被记录下来。这样也许能认识到教师的方法，并且提取其授课的精华。 197

唯一按照这种方法开设的著名课程是胡果的潘得克吞课程。[153]通过这种方式也能够学会解释法源。只有通过自己进行解释才能够形成自己的观点，以便对很多他人的观点进行评判。

（2）直接利用大学课程本身

我们必须对其进行检验，相对而言，获取关于法律整体的观点比考证个别规范的真实性更为重要。每一门课程的内容都包含定义、划分以及图表式的概览等等，其功能在于帮助学生理解掌握，但它们恰恰属于最不重要的东西。在这些逻辑性的辅助手段中根本找不到最重要的东西，即创新的方法，因此，它们不能替代真正重要的方法，人们毋宁只是习惯于对既存的定义进行频繁更改，尽管新的定义并不见得比原来的定义更好。总的来看，它们只不过是将教师的个人见解传达给我们的便利手段而已。

---

〔153〕古斯塔夫·胡果：《古典潘得克吞法的教科书与选文集》（用于解释性课程），1790 年由迪特里希出版于哥廷根。

附录一：

法 源 索 引

右侧数字指中译本正文部分的边码，即德文原本的页码。

附录二：

人 名 索 引

右侧数字指中文译本正文的边码，即德文原本的页码。

附录三：

术语索引

说明：

(1) 右侧数字指中文译本正文的边码，即德文原本的页码；

(2)f. 表示“当页及下一页”；ff. 表示“以下页”，如 160ff. 表示“160 页以下各页”。

附录四：

格林兄弟生平简表

格林兄弟是《格林童话》的作者，二人都曾听过萨维尼讲授的法学课程，雅各布·格林还对萨维尼 1802/1803 年法学方法论课程作了听课笔记，流传至今(即本书的下篇)。为使读者对格林兄弟及其与法学的关系有更多了解，特制作格林兄弟的生平简表如下：

1785 年 1 月 4 日，雅各布·格林 (Grimm，Jacob) 生于德国莱茵河畔的哈瑙。

1786 年 2 月 24 日，威廉·格林 (Grimm，Wilhelm) 生于德国莱茵河畔的哈瑙。

1796 年，格林兄弟的父亲去世。

1798—1802 年，格林兄弟在卡塞尔读中学。

1802 年，雅各布·格林进入马堡大学学习法律，受教于萨维尼。

1803 年，威廉·格林进入马堡大学学习法律，受教于萨维尼。

1805 年，雅各布·格林受萨维尼资助，到巴黎研究罗马法源，在这期间自学德意志古典语言与诗歌。

1806 年，雅各布 · 格林担任军务部书记员。

1806 年，格林兄弟开始着手搜集民间童话和古代传说。

1807 年，雅各布 · 格林重新学习法律。

1808 年，雅各布 · 格林在卡塞尔担任热洛姆国王 (拿破仑的弟弟，被封为威斯特法伦王国国王) 的皇家图书馆馆长。

1812 年，威廉 · 格林进入卡塞尔图书馆，担任该馆的秘书职务。

1812—1815 年，格林兄弟整理出版《儿童与家庭童话集》(即《格林童话集》)。

1814 年，雅各布 · 格林担任黑森侯爵威廉一世的外交秘书。

1816 年，雅各布 · 格林辞去外交秘书的职务，开始担任卡塞尔图书馆的第二馆长，在这期间曾拒绝波恩大学的教授聘任。

1816 年，雅各布 · 格林发表《论法中的诗意》。

1816—1818 年，格林兄弟出版两卷本《德国传说》。

1819 年，雅各布 · 格林开始编写《德语语法》。

1819 年，格林兄弟获马堡大学名誉博士学位。

1821 年，威廉 · 格林出版《论德国古代民歌》。

1822 年，雅各布 · 格林在《德语语法》的修订版中，提出印欧诸语言语音演变的规则，后人称之为“格林定律”。

1828 年，雅各布 · 格林出版《德意志法律遗产》。

1829 年，威廉 · 格林出版《德国英雄传说》。

1829 年，格林兄弟应汉诺威国王的邀请到哥廷根大学，雅各布·格林被聘为考古学教授，威廉·格林担任图书馆管理员。

1831 年，威廉·格林被聘为哥廷根大学教授。

1835 年，雅各布·格林出版《德国神话》。

1837 年，格林兄弟和另外五名教授（史称“哥廷根七君子”）联名抗议汉诺威公国国王破坏宪法的行径，被解除教授职务。

1837 年，雅各布·格林完成《德语语法》（四卷本）。

1838 年，格林兄弟开始编写《德语大辞典》。

1840 年，格林兄弟被聘为柏林科学院法学教授。

1840 年，雅各布·格林开始编写《判例汇编》（四卷本）。

1841 年格林兄弟迁往柏林。

1846—1847 年，雅各布·格林担任法兰克福、吕贝克日耳曼法学家大会主席。

1848 年，雅各布·格林担任法兰克福议会议员。

1848 年，雅各布·格林出版《德国语言史》。

1852 年，格林兄弟的《德语大辞典》前 4 卷完成，1854 年开始出版。

1857 年，格林兄弟在其生前出了最后一版《儿童与家庭童话集》。

1859 年 12 月 16 日，威廉·格林卒于柏林。

1863 年 9 月 20 日，雅各布·格林卒于柏林。

图书在版编目（CIP）数据

法学方法论：萨维尼讲义与格林笔记 /(德)弗里德里希·卡尔·冯·萨维尼著；杨代雄译. --北京:中国民主法制出版社, 2024.1

ISBN 978-7-5162-3484-6

Ⅰ.①法… Ⅱ.①弗… ②… Ⅲ.①法学—方法论 Ⅳ.① D90 — 03

国家版本馆 CIP 数据核字 (2024) 第 032088 号

图书出品人：刘海涛
图 书 策 划：麦　读
责 任 编 辑：庞贺鑫

书名 / 法学方法论：萨维尼讲义与格林笔记
作者 /［德］弗里德里希·卡尔·冯·萨维尼
译者 / 杨代雄

出版·发行 / 中国民主法制出版社
地址 / 北京市丰台区右安门外玉林里 7 号（100069）
电话 /（010）63055259（总编室）63058068　63057714（营销中心）
传真 /（010）63055259
http：//www.npcpub.com
E-mail：mzfz@npcpub.com
经销 / 新华书店
开本 / 32 开　850 毫米 ×1168 毫米
印张 / 6.75　字数 / 143 千字
版本 / 2024 年 3 月第 1 版　2024 年 3 月第 1 次印刷
印刷 / 北京天宇万达印刷有限公司

书号 / ISBN 978-7-5162-3484-6
定价 / 49.00 元